WIR SIND EUROPA!

TEENS UND IHRE FAMILIEN

FOTOGRAFIEN VON
UWE OMMER

TEXTE VON
REGINE FELDGEN UND UWE OMMER

AUS DEM FRANZÖSISCHEN VON
WERNER DAMSON UND **REINHARD TIFFERT**

KNESEBECK

Das jugendliche Gesicht Europas

Die Idee kam eines Morgens beim Aufwachen und ließ mir keine Ruhe mehr. Vermutlich entstand sie aufgrund der Klagen meiner »unglücklichen« Freunde mit Nachwuchs im Flegelalter über das prekäre Zusammenleben. Ich wollte es genauer wissen und beschloss, mir vor Ort selbst ein Bild zu machen. »Vor Ort« waren 40 Länder Europas, und mir »selbst ein Bild zu machen« hieß, mit 267 Familien samt 458 heranwachsenden Kindern Termine zu vereinbaren, um sie zu fotografieren und zu interviewen.

Die Idee war simpel: Eltern und Jugendliche sollten jeweils für sich und ohne die üblichen Ermahnungen (»Zieh dir ein anderes T-Shirt an!«, »Steh gerade!«, »Kämm dich!«, »Zieh dir die Hose hoch!«) interviewt und fotografiert werden, um ein möglichst authentisches Bild zu erhalten. Beide Parteien sollten selbst entscheiden, in welcher Umgebung, in welcher Kleidung, mit welchen Requisiten und in welcher Pose sie fotografiert werden wollten. Ebenso frei konnten die stets gleichen Fragen zu den Themen Zukunft, Europäische Union, Umweltschutz, familiäre Beziehungen und Wünsche beantwortet werden.

Wir (meine Reisegefährtin Regine, die bei der Reiseplanung geholfen und die Interviews geführt hat, sowie meine Wenigkeit), bepackten einen alten, Sprit saufenden Volvo mit unserer Ausrüstung (darunter ein Fotoapparat, drei Blitzlichtgeräte, ein Reflektor und Dutzende von Straßenkarten) und brachen mit viel Enthusiasmus und bei strahlendem Sonnenschein zu einer Reise durch ein Europa ohne Grenzen auf.

Bei dieser Spritztour (einer etwas längeren allerdings ...) lernten wir vor allem den Optimismus und die ungeheure Energie der Jugend kennen. Sie ruft uns wie mit einer Stimme zu: **»Habt Vertrauen in uns! Wir sind den Anforderungen gewachsen!«**

Uwe Ommer

Kristoffer (19), Johanna (21) und Filip (17)

Johanna studiert Meeresbiologie, taucht, fotografiert und liebt die Natur.
Kristoffer surft, arbeitet während des Sommers als Barmann und plant, im Herbst nach Neuseeland zu gehen. Zurzeit macht er mit seiner Indie-Rockband Aufnahmen für die erste CD.
Filip geht noch zur Schule und fährt »Longboard«-Skate.

Katarina & Ingemar

Katarina ist Schulkrankenschwester und fährt gerne Boot (aber nur im Sommer!)
Ingemar leitet die Abteilung für nachhaltige Entwicklung eines großen schwedischen Unternehmens.
Er verbringt gerne Zeit in der Natur mit seiner Familie und macht Musik in einer Jazz- und Bluesband.

Johanna (21), Kristoffer (19) und Filip (17)

Katarina & Ingemar

»Mein Vater regt sich manchmal über Kleinigkeiten auf ... Ich habe meinen eigenen Standpunkt, aber es kann schon sein, dass die Dinge für ihn anders aussehen.« Kristoffer (19)

2020 **Johanna (21):** Ich fahre auf einem Schiff und schütze Wale!
Kristoffer (19): Ich habe Lust, mich selbstständig zu machen und das zu tun, was mir Spaß macht.
Filip (17): Ich würde am liebsten draußen in der Natur arbeiten, bloß nicht an einem Schreibtisch sitzen.
Katarina: Ich werde mehr Zeit für meinen Mann und weniger oft die Kinder im Haus haben!

UMWELTSCHUTZ **Kristoffer:** Ich fahre mit dem Fahrrad zur Arbeit ... aber nur, weil ich kein Auto habe.
Johanna: Ich bin Mitglied beim Naturschutzbund. Wir veranstalten Filmabende und Diskussionen. In Schweden gibt es überall und für jedermann Vereine für den Naturschutz.
Katarina: Das Gegenteil von ökologischem Handeln: Wir machen in der Schule unglaublich viele Fotokopien ... So eine Verschwendung von Papier und Tinte!
Ingemar: Ein Großteil der Nahrung wird einfach weggeworfen. Wir kochen immer zu viel als zu wenig. Wir müssen im Kleinen anfangen – die Haushaltsgeräte austauschen, die zu viel Strom verbrauchen, den Müll sortieren, öfter auf das Auto verzichten ... Da kann jeder mitmachen.

EU **Katarina:** Unsere Stadt hat das Label »Eurocity«, das heißt, man kann mit Euros oder mit Kronen bezahlen. Das kommt den Touristen entgegen und ist gut für den Handel.
Ingemar: Gegenüber dem Euro bleiben wir reserviert. Wir haben unsere Währung behalten, und unsere Wirtschaft ist gesund.

ELTERN **Johanna:** Ich werde mal genauso wie sie!
Filip: Unser Vater ist sehr verständnisvoll, aber er behütet uns zu sehr.

KINDER **Katarina:** Wie alle Kinder meinen sie, wir würden zu viele Vorschriften machen.
Ingemar: Drei Kinder zu haben ist ein Segen. Uns liegt viel daran, die Freude mit unseren Teenagern zu teilen, was in diesem Alter nicht so leicht ist!

Caroline & Emmanuel

haben ihre neue Küche ausgesucht ... Emmanuel ist ein Meisterkoch! Caroline ist Journalistin. Sie arbeitet als Chefredakteurin und Kommunikationsbeauftragte für den Kongress »Africités«. Emmanuel ist Geschäftsführer einer Postproduktionsfirma und dort für die Synchronisation verantwortlich.

Zoé (18), Tom (15) und Clara (12)

Clara ist Pfadfinderin, spielt Klavier und tanzt Ballett. Zoé geht noch zur Schule. Sie hört gerne Musik, macht Fitnesstraining und geht oft abends aus. Tom spielt seit seinem achten Lebensjahr Schlagzeug und übt sich in Kampfkunst.

2020 **Zoé (18):** Ich träume davon, mit meinem Freund zusammenzuwohnen und einen Job im Bereich Medien, Kino oder Musik zu haben, auf jeden Fall eine Arbeit, für die man viel unterwegs ist.
Tom (15): In einem schönen Haus zusammen mit meiner Frau und fünf Kindern wohnen und als Architekt arbeiten, das ist mein Traumberuf.
Caroline: Ich sehe für mich einen Platz an der Sonne ... nachdem ich im Lotto gewonnen habe. Und dazu noch eine Weltreise mit den Kindern machen.
Emmanuel: Das Haus, das wir gerade gekauft haben, ist schon unser Traum, also gehe ich davon aus, dass wir auch 2020 noch hier sind.

UMWELTSCHUTZ **Zoé:** Statt einen neuen Computer zu kaufen, könnte man das Haus zu einem »Passivhaus« umbauen. Aber dann heißt es immer »das ist zu teuer« und »das dauert viel zu lange«. Am Ende machen sich nur wenige Leute diese Mühe.
Tom: Ich fühle mich davon betroffen. Die Entwicklung geht zu langsam voran, der Umweltgipfel in Kopenhagen hat auch nichts gebracht. Das ärgert mich schon!
Caroline: Jeder ist auf seine Art mitverantwortlich. Wir leisten unseren Beitrag im Kleinen – wir sparen Strom und Wasser–, und mit dem wöchentlichen »grünen Korb« entdecken wir, dass auch Gemüse schmeckt ...

EU **Zoé:** Das ist besonders für kleine Länder wie Belgien sehr wichtig. In den USA kennt niemand Belgien. Als Mitglied der Union sind wir stärker und werden mehr beachtet.

KINDER **Emmanuel:** Eltern sein ist nicht leicht, nicht nur bei Teenagern. Dafür gibt es kein Patentrezept, man experimentiert, man tastet sich voran.

»Ich hoffe, es einmal so gut zu machen wie meine Eltern, meinen Kindern so viel zu geben, wie meine Eltern mir gegeben haben. Ob mir das gelingen wird, weiß ich nicht, aber ich werde ja eine Frau an meiner Seite haben.« Tom (15)

DEUTSCHLAND, KÖLN
Tausende verliebter Paare bringen ein Vorhängeschloss an der Hohenzollernbrücke an und werfen den Schlüssel in den Rhein.

Milan & Sarka

mit den Blumen, die Milan ihr zum Geburtstag geschenkt hat.
Milan und Sarka leben seit sieben Jahren getrennt. Heute hat sich die ganze Familie zum Geburtstag von Sarka versammelt und sich für das Foto aufgestellt. Sarka ist Expertin für den Umweltschutz in der Region. Milan ist Landschaftsarchitekt und Stadtplaner. Er ist auch verantwortlicher Leiter des Projekts »Pilsen Europäische Kulturhauptstadt 2015«.

Jakub (21) und Sarka (18)

Trotz herbstlicher Temperaturen hat Sarka ihre Shorts angezogen, um ihre Tätowierungen zu zeigen.
Sarka studiert im vierten Jahr Grafik und tätowiert sich selbst. Sie war 16 Jahre alt, als sie und ihre Mutter sich das gleiche Muster eintätowieren ließen. Sarka fing mit der Tätowierung ihrer Freunde und ihres Bruders an, nachdem sie von ihrer Mutter das nötige Werkzeug geschenkt bekam. Jakub studiert Management im Bereich der Musikindustrie und ist Schlagzeuger in einer Punkrockband.

2020
Sarka (18): Ich werde in England oder den Vereinigten Staaten leben.
Jakub (21): Ich bin dann reich und werde als technischer Leiter einer Bühne, als Grafiker oder Rockstar berühmt sein.
Sarka: Ich arbeite wieder als Landschaftsarchitektin.
Milan: Mir geht es um die Verbesserung der Lebensbedingungen in den Städten, um sie umweltbewusster und menschenfreundlicher zu machen. Zusammen mit Architekten arbeite ich daran, und wir hoffen, einige Gesetze ändern zu können.

EU
Sarka und Jakub: Die EU ist kein Thema für uns.
Milan: Die EU macht mir Angst. Die Europäer müssen auf dem Gebiet der nachhaltigen Entwicklung noch mehr Energie, Tatkraft und Flexibilität zeigen. Ich kenne chinesische Projekte mit großen Zukunftsvisionen. Die Tschechische Republik ist nicht mehr das industrielle Forschungslabor, das sie einmal war. Die Regierung investiert nicht genügend Geld in neue Ideen und Erfindungen.

UMWELTSCHUTZ
Sarka: Man sollte auf Plastiktüten verzichten.
Jakub: Wir haben uns zu spät mit den Problemen unseres Planeten befasst. In der Schule bestand der Umweltschutz im Aufsammeln von Zigarettenkippen auf der Straße.
Milan: Im Moment laufen Projekte mit Photovoltaik-Anlagen. Leider stehen die meisten in freier Natur, was dem Landschaftsbild eventuell abträglich ist.

ELTERN
Jakub: Mein Vater ist ein sehr guter Manager. Ich möchte, dass er mir so viel wie möglich von seinem Beruf beibringt.

KINDER
Sarka: Meine Kinder unternehmen sehr viel. Ich gehe in die Konzerte meines Sohnes, ich liebe seinen Punkrock.
Milan: Ich sehe meine Kinder selten.

WÜNSCHE
Jakub: Von diesem Abend profitieren.
Sarka: Im Garten arbeiten!
Milan: Sich jünger fühlen.

»Mein Wunsch: Ich möchte von einem Jungen eine SMS bekommen, in der steht, dass er gerne mit mir ausgehen möchte.« Sarka (18)

MEIN WUNSCH: AM STEUER EINES **FORD MUSTANG** SITZEN UND MIT **VOLLGAS** ÜBER EINE DEUTSCHE **AUTOBAHN BRETTERN!**

Bohdan (17), UKRAINE

Bohdan (17), Oksana (16) / Volodimyr & Halyna / UKRAINE – Kolomyia

Sophie & Philippe / Ophélie (24), Baptiste (21) / FRANKREICH – Paris

Vera & Kaspar

Kaspar ist Direktor einer Privatschule. Bergsteigen, Fahrradfahren und Wanderungen sind seine Hobbys. Vera ist Grundschullehrerin. In ihrer Freizeit geht sie in die Berge, läuft Ski oder spielt Volleyball.

Anne (10) und Lynn (14)

Lynn nimmt an Orientierungsläufen im Wald teil und lernt, sich mit Karte und Kompass zurechtzufinden.

2020 **Lynn (14):** Ich arbeite in Deutschland oder in Schweden im Hotelgewerbe als Köchin oder Geschäftsführerin.

UMWELTSCHUTZ **Lynn:** Sollte ich ein Haus bauen, würde ich es mit Sonnenenergie betreiben, weil die Sonne das ganze Jahr scheint. Ein Leben ohne Auto ist schon möglich, aber ohne Fernsehen – das wäre schon schwieriger.

Vera: Wir lassen unsere Waschmaschine nur nachts laufen. Wir verwenden ausschließlich ökologisch erzeugte Energie, auch wenn sie ein bisschen teurer ist.

Kaspar: Wir haben ein Elektroauto und suchen nach einer Alternative für unsere Ölheizung. Unser Haus gehört zum historischen Erbe des Dorfes. Es ist zurzeit undenkbar, Sonnenkollektoren aufzustellen.

ELTERN **Lynn:** Meine Noten in der Schule, das Ausgehen noch spätabends und das Übernachten bei meinen Freunden machen ziemlich Ärger. Sehr schnell schreien alle wild durcheinander. Meine Eltern müssten mir mehr Freiheiten geben.

KINDER **Kaspar:** Wir hätten es gern, wenn Lynn mehr Respekt zeigte.

Vera: In den Ferien verbringen wir eine schöne Zeit miteinander, aber im Alltag geht Lynn doch sehr auf Distanz zu ihren Eltern.

Nikola (23) und Lana (19)

Lana studiert Politikwissenschaft und ist begeisterte Fotografin. Nikola ist Student der Elektrotechnik.

Miroslav & Branka

Branka ist Fachjournalistin und bei der Kroatischen Nachrichtenagentur für die Außenpolitik zuständig. Miroslav arbeitet als Bauingenieur in der Verwaltung. Dreimal in der Woche widmen sie sich ihrem Hobby: lateinamerikanische Tänze und Standardtänze.

2020 **Lana (19):** Ich bin in Irland, arbeite in einer Organisation für Menschenrechte oder mache Öffentlichkeitsarbeit.
Nikola (23): Ich habe hoffentlich für Wohnhäuser, Unternehmen und öffentliche Plätze eine Erfindung zum Energiesparen gemacht.

EU **Lana:** Mit dem Euro steigen die Preise, die Löhne aber nicht.
Nikola: Ein Beitritt verändert die Politik und das Alltagsleben. Die jetzt getroffenen Entscheidungen haben nur ein Ziel: unsere Mitgliedschaft in der EU im Jahr 2013. Ich bleibe aber skeptisch, was die möglichen Folgen angeht, wenn wir erst einmal drin sind.
Branka: Die Mitgliedschaft macht unser Land zu einer echten Demokratie, in der Gleichheit herrscht und keine Korruption.
Miroslav: Kroatien gehört mit seiner geschichtlichen Vergangenheit seit jeher zu Europa.

UMWELTSCHUTZ **Branka:** Wir machen uns viel mehr Sorgen um die Politik als um die Umwelt.
Miroslav: Mich beunruhigt der Zustand der Umwelt und der Gewässer. Wir haben viele Straßen in Kroatien gebaut, und die Strände leiden unter dem Massentourismus.

WÜNSCHE **Lana:** Das Elternhaus zu verlassen würde mir gut tun.
Nikola: Ich möchte Berufserfahrung im Ausland sammeln.

Kiira (15) und Kosti (13) mit ihrem »geschickten« Hund ...

Kiira übt mit ihrem Hund für einen Geschicklichkeitswettbewerb: Herr und Hund müssen dabei gemeinsam in möglichst kurzer Zeit einen Hindernisparcours absolvieren.
»Ich trenne meinen Müll nur, weil meine Eltern mich dazu zwingen!« (Kosti)

Martti & Kati, lieben beide Familienfotos

Kati berät Studenten mit psychischen Problemen. »Meine Tochter geht jetzt auf Distanz zu mir, und das respektiere ich. Nur fürs Shopping werde ich immer gerne angefragt (wegen meiner Kreditkarte!).« Martti entwickelt Scanner, die unter anderem auch bei der Gepäckkontrolle eingesetzt werden.

Roland & Doris

Roland ist Angestellter in einer Firma für Hoch- und Tiefbau. Er ist Mitglied der freiwilligen Feuerwehr und macht gerne Bergwanderungen. Doris ist gelernte Krankengymnastin und arbeitet jetzt in einer Praxis für Naturheilverfahren.

Sarah (14) und Rahel (13)

spielen seit sechs Jahren Fußball.
Sarah wird ein Praktikum in einer Bank machen. Rahel macht Hip-Hop und mag alles, was hip ist.

2020 **Sarah (14):** Ich hätte gerne ein schönes Haus am Meer, aber wahrscheinlich bleibe ich in der Schweiz, das Heimweh wäre doch zu groß!

UMWELTSCHUTZ **Rahel (13):** In Appenzell ist ein Mann zu einem Jahr Gefängnis verurteilt worden, weil er lackiertes Holz in seinem Garten verbrannt und dadurch die Luft verschmutzt hat. Die großen Multis, die das Meer verschmutzen, werden nicht immer verurteilt. Das finde ich sehr ungerecht.

Sarah: Wir sind eine sparsame Familie. Im Winter regulieren wir die Heizung nach unten und ziehen dafür wärmere Kleidung an.

Doris: Wir betreiben schon seit Jahren Mülltrennung. Wir verwenden keine Pestizide in unserem Garten. Der nächste Schritt wird sein, dass wir die Ölheizung abschaffen.

EU **Sarah:** Ich weiß nicht so richtig, worum es da geht.

Rahel: Ich habe von Spannungen zwischen der EU und der Schweiz gehört, aber Genaueres weiß ich nicht.

Roland: Ich bin nicht für einen EU-Beitritt der Schweiz. Es ist nur eine Frage der Zeit, bis die ganze EU auseinanderbricht.

Doris: Die Schweizer wollen ihre Freiheit und Unabhängigkeit behalten.

ELTERN **Sarah:** Mein Vater hilft viel mit, er ist fast wie eine zweite Frau im Haus! Er ist sehr großherzig und will nur das Beste für uns.

Rahel: Meine Mutter hat Humor und Einfühlungsvermögen. Ich rede gerne mit ihr.

KINDER **Roland:** Wir kommen prima mit ihnen aus!

Doris: Ich mag ihre Art zu leben, ihre Offenheit.

WÜNSCHE **Sarah:** Im Bankwesen oder in der Industrie Karriere machen.

Rahel: Ich träume davon, in New York zu leben und etwas Kreatives wie Modedesignerin oder Innenausstatterin zu machen.

Roland: In meiner Jugend war ich einmal Koch. Warum nicht ein Restaurant auf Hawaii eröffnen?

»Wenn meine Mutter anfängt zu jodeln, ist das
zwar ein bisschen peinlich, aber sie ist schon witzig!«
Sarah (14)

Éric & Regine

leben getrennt, haben sich aber für die Aufnahme zusammengefunden.
Regine ist gebürtige Deutsche und betreibt eine Agentur, die Künstler, Firmen und kulturelle Institutionen vernetzt. Éric ist in Brasilien geboren und aufgewachsen und hat gerade eine Stelle als kaufmännischer Leiter gefunden.

Johanna (16) und Basile (15)

in Johannas Zimmer.
Johanna mag Fotografie und Facebook. Basile mag Tennis, Skateboardfahren, Capoeira und spielt Gitarre.

2020
Johanna (16): Ich werde als Psychologin arbeiten.
Basile (15): Ich wohne in einer WG mit meinen Freunden und bin gerade mit meinem Studium im audiovisuellen Bereich fertig.
Regine: Im Paris des Jahres 2020 wird es mehr Fahrräder und weniger Autos geben. Aber Paris wird immer noch das Mekka der Kultur sein.

EU
Basile: Die EU sollte sparsamer mit ihrem Geld umgehen und nicht so leicht neue Länder aufnehmen.
Regine: Ich glaube an die Generation der jungen Europäer. Sie haben die Gelegenheit zur Begegnung mit den anderen und zum Kulturaustausch.

UMWELTSCHUTZ
Johanna: Die Grünen übertreiben: »Esst nur Bio-Lebensmittel, spart Strom, vergeudet kein Wasser ...« Jetzt macht mal einen Punkt! Ich lebe doch nicht nur, um den Planeten zu retten! Ich würde eher den Strand sauber halten!
Regine: Ich hoffe, dass das ökologische Denken Teil unseres Alltagslebens wird und dass bei der Entwicklung von »Groß-Paris« auch ökologische Wohnhäuser entstehen, die dem zwischenmenschlichen Kontakt dienen.

ELTERN
Johanna: Ich diskutiere gerne mit meinem Vater, wenn er guter Laune ist. Meine Mutter ist cool, von ihr lerne ich, wie man fotografiert. Wir gehen in Ausstellungen und machen zusammen Einkäufe.
Basile: Mit meinem Vater kann ich über alles reden, er ist sehr witzig. Meine Mutter ist sehr streng, das Gegenteil meines Vaters. Sie ist es, die mir Kultur nahebringt.

KINDER
Regine: Sie haben einen großen Vorteil, weil sie in drei Kulturen aufwachsen, der deutschen, der brasilianischen und der französischen. Ich habe ein gutes Verhältnis zu ihnen, was ich zu meinen eigenen Eltern nicht hatte.
Éric: Als Jugendlicher war ich viel schlimmer als die beiden! Das Verhältnis zu den Kindern wandelt sich mit jeder Generation, da muss man jedes Mal einen neuen Umgang miteinander finden. Lassen wir ihnen den Freiraum für ihre eigenen Träume, und drängen wir ihnen nicht unsere auf.

WÜNSCHE
Johanna: Dass mein Freund zu mir nach Paris kommt.
Basile: Mein Abi in der Tasche haben, eine Weltreise machen und an den tollsten Stränden surfen.
Regine: Ein Pied-à-Terre in einer Großstadt haben, ein Haus in Brasilien und ein weiteres in Frankreich.
Éric: Nach Brasilien zurückkehren und ein Unternehmen gründen.

»Ich stelle mir vor, in einem Haus am Strand irgendwo in Brasilien große Partys zu geben und zu surfen.« Basile (15)

WAS JUGENDLICHE MEINEN

2020

RUSSLAND

Ich eröffne ein eigenes Restaurant, aber nicht in Moskau, der Stadt der Sushi-Bars. Hier geben sich die Moskauer Neureichen ihr Stelldichein. Sie heißen deshalb »Sushi-Russen«.

Gleb (15)

FRANKREICH

Ich habe dann in Los Angeles eine Autowerkstatt. Ich repariere und verkaufe Autos.

Virgil (14)

FRANKREICH

Ich werde vielleicht Tierarzt, aber nicht um Tiere einzuschläfern, sondern einfach, um ihre Krankheiten zu behandeln.

Louis (13)

ITALIEN

Ich möchte für eine Organisation wie die UNO arbeiten, muss dafür aber mehrere Sprachen lernen. Italien ist mein Lieblingsland. Es ist ein herrliches Land, aber leben werde ich dort wohl nicht.

Vera (20)

PORTUGAL

Ich möchte in einem Großunternehmen in leitender Stellung tätig sein und Karriere machen, um die Entwicklung meines Landes stärker zu fördern.

Ze-Maria (14)

DEUTSCHLAND

Ich bin dann Lego-Designer oder auch Schauspieler. Ich bin mir aber nicht sicher, ob ich das nötige Talent dazu habe.

Oliver (14)

UNGARN

Viele hervorragende Weine herstellen. Mein künftige Frau kümmert sich hoffentlich um die Buchhaltung!

Gabor (21)

PORTUGAL

Ich bin und bleibe DJ. Mit 14 Jahren habe ich angefangen. Mein Traum: zu den 100 besten DJs der Welt zu gehören.

Joao (21)

FRANKREICH

Ich möchte gerne als Floristin arbeiten. Ich werde zwei Kinder haben, aber ohne Ehemann.

Sophia (13)

ESTLAND

Kultur und Tradition der Insel Khinu bewahren.
Mare

NIEDERLANDE

Letztes Jahr habe ich in einer Kirche einen »Markt der Liebe« organisiert. Er war sehr erfolgreich, aber zurzeit hängt alles von unserem Engagement ab. Ich hoffe, dass daraus in zehn Jahren ein unverzichtbares Ereignis von internationalem Rang wird.
Maaike

SERBIEN

Ich tue, wozu ich bisher keine Zeit hatte: alle möglichen Bücher lesen und alle Länder bereisen, die ich noch nicht gesehen habe.
Andjelka

ÖSTERREICH

Ich hoffe, dass meine Frau mich immer noch liebt!
Bernhard

ALBANIEN

Seit den Wahlen ist es mit der Demokratie vorbei. Man kann nicht mehr frei sprechen. Hoffentlich ist damit im Jahr 2020 Schluss.
Vjollca

DEUTSCHLAND

Ich kaufe einen Wohnwagen und mache eine Entdeckungsreise in Europa.
Gerhard

UKRAINE

Das Wichtigste ist die Ausbildung unserer Kinder, damit sie später einen Arbeitsplatz bekommen. Es wird uns schwer fallen, sie für ihre Berufsausbildung gehen zu lassen. Ich hoffe aber, dass sie zurückkommen und wieder bei uns wohnen.
Hannusya

IRLAND

Unsere Töchter werden uns fehlen ... Sie sind dann aus dem Haus!!
Cathy

DEUTSCHLAND

Es gibt hier in der Region sehr viele Universitäten, sodass unsere Kinder meiner Ansicht nach im »Hotel Mama« wohnen bleiben ...
Martina

FRANKREICH

Ich bin im »Halb-Ruhestand« und widme mich der Malerei und Bildhauerei sowie meinen 8000 Schallplatten und CDs mit Jazz, Rock, Blues und Soul. Ich liege unter Olivenbäumen, die im südlichen Sonnenlicht glänzen. Die Kinder wohnen sicher immer noch bei uns. Sie fühlen sich hier einfach zu wohl ...
Philippe

WAS ELTERN MEINEN

Elektra & Stefan

mit seiner »russischen Rolleiflex«.
Elektra arbeitet in der Parlamentsbibliothek. Sie liebt Literatur und kocht gerne. Stefan ist Schriftsteller. Um seinen Lebensunterhalt zu verdienen, arbeitet er nebenbei als Professor für Literatur an der Universität. Er schreibt vor allem Theaterstücke, die er manchmal auch selbst inszeniert.

Lajz (15) und Sara (18)

mit einem der Fotoapparate ihres Vaters.
Lajz geht in die elfte Klasse, spielt Tennis und Basketball und zeichnet. Sara studiert Jura. Ihre Lieblingsbeschäftigungen sind Fotografieren und Modezeichnen.

2020 **Lajz (15):** Ich werde im europäischen Ausland leben und Architekt mit eigenem Büro sein.
Sara (18): Ich bin hoffentlich eine gute Juristin, um Kinder zu verteidigen.

EU **Lajz:** In geografischer und kultureller Hinsicht sind wir schon Europäer, aber unter der ehemaligen kommunistischen Herrschaft haben wir schlechte Gewohnheiten angenommen: Wir sind Heuchler, arbeiten nicht gern, sind engstirnig und interessieren uns nicht für die Kultur.
Sara: Der Beitritt zur EU wäre eine große Hilfe für uns. Die Jugend könnte in anderen Ländern studieren. Verschiedene Bekleidungsstile stünden uns offen, die moderner und abwechslungsreicher sind.
Stefan: Die EU ist für Albanien eine Herausforderung. Nach 40 Jahren Kommunismus der härtesten Prägung überhaupt fällt es nicht leicht, die Politik zu ändern, geschweige denn die Mentalität der Menschen.
Elektra: Die EU hat kürzlich die Mitgliedschaft Albaniens abgelehnt. Wir erwarten, dass wir in zwei oder drei Jahren noch einmal unser Glück versuchen können.

UMWELTSCHUTZ **Lajz:** Die Leute jagen immer noch seltene Tierarten, ohne sich Gedanken darüber zu machen, dass die Arten vom Aussterben bedroht sind.
Sara: In der Schule reden wir schon über die Umweltverschmutzung. Wir reinigen die Straßen und machen Plakate, um die Menschen zu informieren und für den Umweltschutz zu motivieren.
Stefan: In Albanien steht die Umwelt nicht an erster Stelle. Wir müssen zuerst unser Überleben sichern.

KINDER **Elektra:** Beide Kinder sind sehr gute Schüler und sind sehr aufgeschlossen.

WÜNSCHE **Lajz:** Ich möchte reisen und Albanien verändern.

»In Albanien fühlen sich die Menschen vom Umweltschutz nicht angesprochen. Sie fällen Bäume, um zusätzliche Ackerflächen zu gewinnen, und niemand kümmert sich um die Wiederaufforstung.« Lajz (15)

Mariamela (13) und Vasiliki (10) auf dem Sofa
Mariamela lernt klassisches Ballett und Modern Dance. Vasiliki fährt gerne Fahrrad und spielt Basketball und Fußball.

Anna & Georges in ihrem Friseursalon
Georges informiert sich regelmäßig über die aktuellsten Frisurentrends. Wer Neuigkeiten aus dem Dorf wissen will, für den ist sein Friseursalon ein Muss. Anna ist vormittags Pflegehelferin und nachmittags Friseurin.

2020
Mariamela (13): Ich werde Kinderkrankenschwester sein und eher in Thessaloniki leben als auf dem Dorf.
Vasiliki (10): Ich bin dann Küchenchefin, habe viele Kinder und reise in der ganzen Welt umher, um Restaurants zu eröffnen.
Anna: Uns stehen wegen der Krise schwierige Jahre bevor, und mein Traum, weniger zu arbeiten und mehr Zeit mit meinen Töchtern zu verbringen, wird sich nicht erfüllen.

EU
Mariamela: Zurzeit hilft uns die EU bei politischen und finanziellen Problemen. Aber zuerst bin ich Griechin und dann erst Europäerin.
Georges: Griechenland ist das Sorgenkind Europas. Die EU versucht uns zu helfen, koste es, was es wolle. Ich bin bereit, Opfer zu bringen, und hoffe auf positive Ergebnisse.

UMWELTSCHUTZ
Mariamela: Wir sollten vor allem nicht die gleichen Fehler machen wie eure Generation, die den Planeten so zugerichtet hat … Wir Jugendliche müssen wachsam sein!
Anna: Hier im Dorf gibt es keine Container, und zur Wiederverwertung von Schachteln und Papier muss ich ins nächste Dorf gehen.

Jürgen & Monika mit ihrem Hund

Monika unterrichtet Deutsch als Fremdprache für ausländische Studenten. Jürgen ist bei der Lufthansa im Ausland für neue Hightechprodukte zuständig. Die beiden haben ihre Kinder auf Haiti adoptiert. Stephanie war damals sechs Jahre und Emmanuel 18 Monate alt.

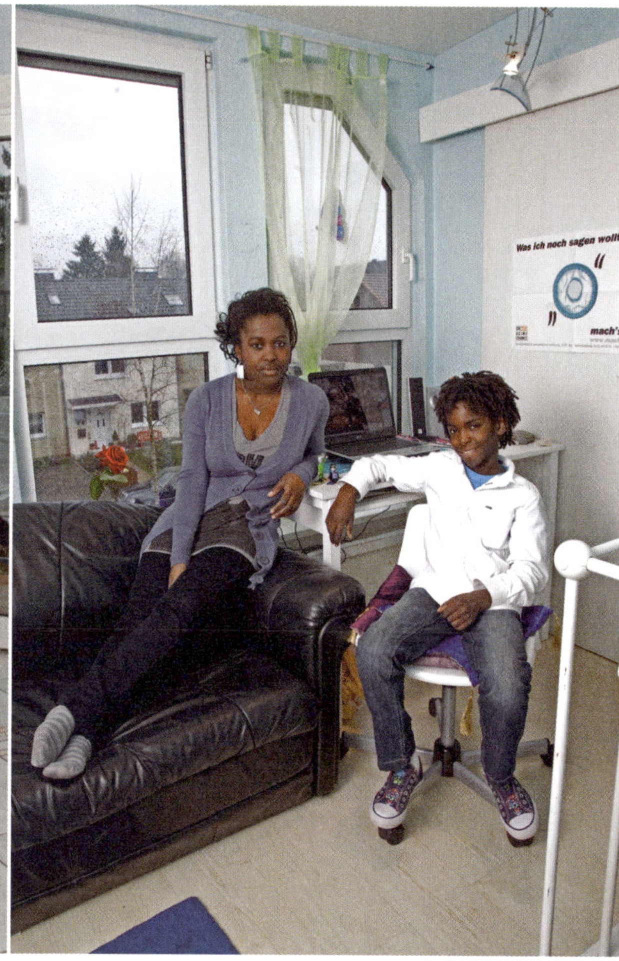

Stephanie (17) und Emmanuel (10) wurden im Kleinkindalter auf Haiti adoptiert

Stephanie besucht eine Fachhochschule. Sie liebt das Theater und nimmt gegenwärtig an einem Theaterprojekt teil, das die Region mit 200 Jugendlichen durchführt. Emmanuel ist Ballettschüler und möchte Tänzer werden.

2020 **Stephanie (17):** Nach meinem Schulabschluss mache ich ein soziales Jahr auf Haiti. Seit meiner Adoption war ich nie mehr dort. Ich möchte Schauspielerin werden.

Jürgen: Ich werde immer noch arbeiten, und mein Sohn wohnt wahrscheinlich weiterhin zu Hause im »Hotel Mama«.

UMWELTSCHUTZ **Stephanie:** Nach dem Erdbeben auf Haiti war meine Familie sehr aktiv: Um Geldmittel aufzutreiben, hat mein Vater die Aktion »Autowaschen« organisiert. Gleichzeitig wurden Spenden in der Schule gesammelt. Jetzt möchte ich an einem Umweltschutzprogramm teilnehmen.

Jürgen: Die Veränderungen in der Welt innerhalb so kurzer Zeit sind ganz offensichtlich. Jeder Mensch müsste sein Verhalten von Grund auf ändern.

EU **Jürgen:** Die europäische Einigung ist wunderbar, selbst wenn noch viel zu tun bleibt.

Monika: Die Völker kommen sich wirklich näher. Es gibt viel weniger »emotionale Grenzen« als früher.

KINDER **Monika:** Wir reden wenigstens wieder miteinander.

WÜNSCHE **Stephanie:** Nach dem Erdbeben und der Cholera soll es mit Haiti wieder aufwärts gehen.

Zlatko & Eva

Zlatko war Zahnarzt in einem Militärkrankenhaus. Er konnte aufgrund der politischen Reformen eine eigene Praxis eröffnen. Eva ist Biochemikerin und Leiterin eines Labors in Skopje. Die beiden sind seit 17 Jahren verheiratet und freuen sich, dass sie eine Datscha besitzen, wo sie im Sommer gerne im Garten arbeiten. Im Winter gehen sie in ihrer Umgebung zum Skilaufen.

Stevan (17) und Andrej (13)

Andrej sitzt auf dem Geländer, was seiner Mutter gar nicht gefällt. Stevan geht auf ein Gymnasium in Skopje; er verbringt viel Zeit auf Facebook wie unzählige andere Jugendliche auch. Andrej geht auf die Realschule und fährt Skateboard.

2020 **Stevan (17):** Zum Vergnügen bin ich DJ und von Beruf Richter. Ich interessiere mich für viele Dinge. Ich möchte gerne in den Niederlanden studieren. Skopje ist eine prima Stadt für Jugendliche, man kann hier wirklich einen draufmachen. Für ein Berufsleben ist sie aber weniger attraktiv.

Andrej (13): Ich bin dann Zahnarzt wie mein Vater und Großvater.

Eva: Ich werde so lange arbeiten, wie es Kranke gibt, die uns brauchen.

EU **Stevan:** In der Schule sprechen wir darüber, und in den Nachrichten gibt es viele Informationen, aber für unser Land wird es sehr schwierig sein, der EU beizutreten. Die Griechen halten uns für Faulpelze und bemerken verächtlich: »Ihr werdet nie der EU beitreten!« Ich selbst bin ein hundertprozentiger Europäer.

Zlatko: Eines Tages sind wir Mitglied der EU, das ist sicher, aber wann? Die dank der EU erzielten Fortschritte in Rumänien und Bulgarien sind doch ganz offensichtlich. Die Mitgliedschaft ist eine echte Chance. Die Lebensbedingungen sind dann besser.

Eva: Die EU kommt vor allem der jungen Generation zugute.

UMWELTSCHUTZ **Zlatko und Eva:** In den letzten drei Jahren hat sich die Einstellung der Menschen geändert. Für Umweltprobleme sind sie nun aufgeschlossener. Die Erziehung junger Menschen muss auf diesem Feld weitergehen, wir stehen erst am Anfang.

ELTERN **Stevan:** Ich diskutiere sehr gerne mit meiner Mutter. Nur die Unordnung in meinem Zimmer macht uns Probleme, ich bin nämlich ein ziemlich chaotischer Typ.

KINDER **Eva:** Ich verlor mit 17 Jahren meine Eltern und habe vielleicht deshalb ein so enges Verhältnis zu meinen Kindern. Wir diskutieren wie Freunde miteinander, und jeder kann den anderen mit Argumenten überzeugen.

Zlatko: Wir kommen nicht aus reichen Verhältnissen, haben aber eine gute Erziehung erhalten, und die möchten wir auch unseren Kindern zukommen lassen.

WÜNSCHE **Stevan:** Ich möchte sofort nach New York.

Eva: Mehr Arbeitsplätze und eine Sozial- und Krankenversicherung für alle.

Zlatko: Ich wünsche mir eine Aufwertung meiner Arbeit und die Vergrößerung meiner Praxis.

»Wahrscheinlich behandelt mein Vater fast die halbe Einwohnerschaft der Stadt und manchmal sogar ohne Bezahlung. Ich helfe ihm gerne und reinige die Zahninstrumente.«
Andrej (13)

Vaiva & Valentinas

haben es sich nach dem sonntäglichen Kaffeetrinken bequem gemacht. Sie sind beide Gymnasiallehrer, Vaiva für Geschichte und Valentinas für Litauisch. Ihre Stadt liegt zehn Kilometer von einem Kernkraftwerk entfernt, das 2004 als Vorbedingung für einen EU-Beitritt abgeschaltet wurde. Die Stadt wurde für die Arbeiter und Angestellten des Kernkraftwerks gebaut, und junge Lehrer konnten hier zehn Jahre lang mietfrei wohnen. Vaiva und Valentinas ließen sich deshalb hier nieder.

Martynos (8), Jeva (15) und Monika (14),

unsere zwei (oder drei?) zukünftigen Models. Monikas Lieblingsbeschäftigungen sind Singen, Tanzen und im Sommer Schwimmen in einem nahe gelegenen großen See. Jeva malt und schwimmt gerne und spielt Volleyball.

2020 **Monika (14):** Ich arbeite wahrscheinlich mit Kindern oder bin Schauspielerin. Ich habe einen Mann und einen Hund.
Jeva (15): Ich möchte mich auch später mit der Malerei beschäftigen.
Valentinas: Ich bin dann immer noch jung und schön! (Gelächter) Wir besitzen außerdem ein Haus, das zwischen der Stadt und dem Land liegt.
Vaiva: Ich erlebe die schönste Zeit meines Lebens und wünsche mir auch später das gleiche Glück.

EU **Valentinas:** Sehr viele Litauer sind sich immer noch nicht bewusst, dass wir in der EU sind. Sie sind für Veränderungen sehr wenig aufgeschlossen. Ich bin überzeugt davon, dass sich unsere Kinder sehr viel stärker als Europäer empfinden als unsere Generation.
Vaiva: Für mich sind wir dann Mitglied in der EU, wenn meine Kinder an jeder europäischen Universität ihrer Wahl studieren können.

UMWELTSCHUTZ **Monika:** Im Internet sah ich verschmutzte Seen, das ist schrecklich. Die Umwelt muss jeden angehen. In unserem Land haben wir Container für die Wiederverwertung, und alle in der Familie trennen den Müll. In unserer Stadt gibt es eine Arbeitsgemeinschaft, in der ich gerne mitarbeiten möchte. Sie hat 2011 eine Aktion gestartet, bei der an einem Wochenende der Abfall eingesammelt wurde.
Vaiva: Wir trennen den Müll, und wir sprechen sehr oft mit den Kindern über unnötigen Konsum.
Valentinas: Ich habe schon daran gedacht, das Fahrrad anstelle des Autos zu nehmen. Aber ich fahre immer noch Auto, weil ich ständig unter Zeitdruck bin: Ich gehe zur Arbeit, komme zurück, hole die Kinder, begleite sie zu ihren Freizeitaktivitäten und mache die Einkäufe.

KINDER **Vaiva:** Ich klopfe auf Holz! Unser Verhältnis ist hervorragend. Missverständnisse fallen nicht ins Gewicht und werden schnell ausgeräumt. Schlechter Umgang, Alkohol und Drogen – alles kein Problem.

WÜNSCHE **Monika:** Ich möchte Grönland besuchen.
Vaiva: Ich will am liebsten alles fallen lassen und an die Ostsee gehen, trotz der Jahreszeit (Ende Oktober)!

»Ich möchte den afrikanischen Kontinent besuchen, vor allem Libyen.« Jeva (15)

Juan (16) und Angel (18) üben auf ihrer Terrasse

Juan und seine Freunde verbringen jede freie Minute mit BMX-Fahren im Skatepark von Murcia. Er möchte einmal Architekt werden, fürchtet aber, dass das sehr schwer wird. Angel ist Abiturient. Er macht Freeclimbing in den Bergen und träumt davon, Feuerwehrmann zu werden.

Angel & Isabel in ihrem riesigen Atelier, einer ehemaligen Fabrikhalle

Isabel ist Innenausstatterin. Sie liebt Ballett und fotografiert. Angel ist Maler, stellt seine Bilder regelmäßig und mit Erfolg aus und lebt von seiner Kunst. Er ist auch als Grafiker und Bühnenmaler für Theater und Kino tätig.

Anna (21), Maria (16) und Wojtek (20)

Wojtek fängt in seinem Beruf als Bäcker an. Anna studiert Wirtschaftswissenschaften und möchte in einer Bank arbeiten. Maria ist Gymnasiastin. Sie tanzt und zeichnet gerne und liebt Partys.

Eva & Kazimier

Kazimier ist Bergarbeiter. Seine Aufgabe ist die Sicherung untertägiger Stollen. Eva arbeitet in der Abteilung für Kinder- und Jugendmedizin eines Krankenhauses. Sie ist eine leidenschaftliche Leserin von Boulevard-Presse.

2020
Anna (21): Ich bleibe mit meiner Familie hier und baue ein Haus.
Maria (16): Ich studiere Medizin und werde Chirurgin oder Zahnärztin.
Wojtek (20): Ich gehe nach Deutschland und gründe eine kinderreiche Familie.
Kazimier: Ich beginne mit dem Bau eines Hauses für meine Töchter.

EU
Wojtek: Die Möglichkeit, anderswo zu arbeiten, ist schon verlockend.
Anna: Allmählich sieht man die Veränderungen: Neue Straßen und die Menschen sind aufgeschlossener, lernen Fremdsprachen und zeigen mehr Unternehmungsgeist.
Eva: Das ist erfreulich, aber mit dem Euro haben sich die Preise verdoppelt.

UMWELTSCHUTZ
Maria: Wiederverwertung, Energieeinsparung ... daran denke ich überhaupt nicht, vorläufig wenigstens.
Kazimier: Polen ist kein Land, das sich um Energieprobleme oder um den Schutz seiner Umwelt kümmert.
Eva: Ich bin auf dem Lande aufgewachsen, und das Leben hier ist ganz von selbst »umweltbewusst«. Alles, was im Garten wächst, entstammt biologischem Anbau. Ich möchte diese Lebensweise auch meinen Kindern vermitteln.

WÜNSCHE
Anna: Ich möchte im Lotto gewinnen, damit ich mir alle anderen Wünsche erfüllen kann. Ich möchte beispielsweise mit meiner ganzen Familie Afrika besuchen.
Maria: Mein Medizinstudium mit einem Lottogewinn finanzieren und in die Vereinigten Staaten reisen.
Wojtek: Im Lotto gewinnen und in Deutschland einen Bauernhof mit vielen Tieren kaufen.
Kazimier: Ich möchte nicht im Lotto gewinnen, eigentlich soll sich nichts ändern.

Olga & Evgenii und ihre Sammlung von Designer-Bären

Olga veranstaltet viele Ausstellungen mit Puppen aus der ganzen Welt. Evgenii, ehemaliger Fallschirmjäger, arbeitet in einem Unternehmen, das Hubschrauber vermietet. Hunde sind sein Hobby.

Anastasia (22), Gleb (15) und Marat (10) in dem kleinen Park vor ihrem Wohnhaus

Vor kurzem ist Anastasia ausgezogen und wohnt nun bei ihrem Verlobten. Gleb hat sich entschieden, er wird Chefkoch. Er liest alle Kochbücher und fühlt sich nur am Küchenherd wohl.

2020 **Gleb (15):** Ich werde wohl nicht heiraten, ich fühle mich wohl, wenn ich allein bin; das hilft mir, konzentriert zu bleiben. Ich träume von einer Tätowierung, die Zeichnung habe ich schon entworfen.

EU **Evgenii:** Die EU befindet sich in einer echten finanziellen und politischen Krise, die – und das ist meine große Angst – globale Ausmaße annehmen kann. Ich kann mir vorstellen, dass Russland eines Tages Mitglied der EU wird.

Olga: Das glaube ich überhaupt nicht, weil der Lebensstandard in Europa sehr viel höher ist als bei uns.

ELTERN **Gleb:** Mein Vater ist ein robuster und intelligenter Mann. Wir verbringen nicht viel Zeit miteinander, aber wenn wir auf der Datscha sind und ich das Fleisch grille, dann erzählt er mir von seinem Leben. Meine Mutter arbeitet viel. Ich spiele gerne Schach mit ihr, und wir unterhalten uns über Bücher. Meine Eltern meinen, dass der Kontakt mit Jugendlichen schwierig sei. Mir ist rätselhaft, wo hier ein Problem sein soll.

KINDER **Evgenii:** Gleb muss nun wissen, was er will. In Russland hat man mit 15 Jahren das richtige Alter, um etwas anzupacken. Ich möchte unbedingt, dass er auf mich hört und mir gehorcht.

Olga: Gleb hat viel Freizeit, und ich wünsche, dass er sie nützt, um zu arbeiten. Wegen seiner ungewöhnlichen Zeiteinteilung kommt es manchmal zu Spannungen. Glücklicherweise hat er einen unglaublichen Sinn für Humor!

Onorio & Maria

Maria ist sehr stolz auf ihre gehäkelten Zierdeckchen.
Sie stammt aus Mallorca und kümmert sich als Sozialarbeiterin um geistig behinderte Kinder. Sie häkelt gerne und hört dabei Musik. Onorio ist Zimmermann und hat das Haus von A bis Z selbst gebaut.

Maria (19) und Rosa (18)

in ihrem Zimmer mit Aussicht.
Maria ist Pfadfinderin und veranstaltet Feste mit den Kindern aus den umliegenden Dörfern. Rosa ist seit einem Jahr Studentin und will Lehrerin für behinderte Kinder werden.

2020
Rosa (18): Ich werde eine Familie haben; das erste meiner drei Kinder wird ein Junge sein.
Maria (19): Ich bin dann Lehrerin auf dem Land.
Maria: Ich kümmere mich um meine Enkel. Ich würde gerne Reisen machen, aber wahrscheinlich wird es dazu nicht viele Gelegenheiten geben.

UMWELTSCHUTZ
Maria: Der respektvolle Umgang mit der Umwelt ist einer der Grundsätze der Pfadfinder. Das ist das Vorbild unseres Handelns, und einmal im Monat gehen wir für zwei oder drei Tage in die Berge, um die Vielfalt von Mensch und Natur kennen und achten zu lernen.
Rosa: Ich vermeide es, überflüssige Dinge einzukaufen.
Onorio: Wir sind uns der Umweltproblematik bewusst, deshalb ist uns die Wiederverwertung wichtig. Im Garten haben wir einen Sonnenkollektor.
Maria: Wir führen ein einfaches, naturnahes Leben und verzichten, soweit es geht, auf technische Dinge. Ich würde gerne mit Umweltschutzverbänden Kontakt aufnehmen, um mein Wissen über den Umweltschutz zu erweitern.

EU
Rosa: Die Europäische Union war für die Entwicklung Spaniens und seiner Wirtschaft sehr wichtig.
Maria: Die Idee einer Europäischen Union ist ausgezeichnet, aber leider kennen wir nicht die Kultur der einzelnen Länder. Für ein gegenseitiges Verständnis ist das aber unbedingt notwendig. Wir haben also noch einen weiten Weg vor uns.
Maria: Auf materiellen Werten allein kann man nichts aufbauen.

ELTERN
Rosa: Mein Vater ist eine kantige Person, aber wir lachen oft miteinander.
Maria: Wir verstehen uns sehr gut, aber nicht, weil er besonders sympathisch ist, sondern weil wir ein großes gegenseitiges Vertrauen besitzen.

WÜNSCHE
Maria: Ich möchte mit dem Erasmus-Programm in den Vereinigten Staaten studieren.
Maria: Später möchte ich in einer Gemeinschaft von mehreren Familien leben. Diese Idee von einer größeren Gemeinschaft möchte ich gerne meinen Altersgenossen näherbringen.

»In unserem Dorf leben ungefähr 200 Einwohner, aber nur acht Jugendliche.« Maria (19)

FINNLAND – Espoo

UKRAINE – Yavoriv Village

SPANIEN – Murcia

GRIECHENLAND – Mouries

DÄNEMARK – Lyngby

DÄNEMARK – Odense

FRANKREICH – Le Vésinet

DEUTSCHLAND – Köln

EINIGE EUROPÄER …

FRANKREICH – Jurançon

»Woran sieht man, dass ein Jugendlicher einen Wunsch hat? Ganz einfach: Er kommt mit einem strahlenden Lächeln pünktlich zum Abendessen und fragt einen interessiert, wie denn der Tag so gewesen sei.«

Suphi (11) spielt PlayStation am riesigen Bildschirm im Wohnzimmer

Er besucht die Französische Schule in Istanbul wie schon sein Vater zu seiner Zeit. Sein Hobby? Basketball am Bildschirm und in der Halle.

Sibel & Bedri auf dem Balkon mit Blick auf den Bosporus und die Brücke, die Europa und Asien verbindet

Sibel mag Partys, Reisen und lernt gerne andere Menschen kennen. Bedri ist Maler und Schriftsteller und engagiert sich politisch. Er betreibt mitten in Istanbul ein Zentrum (Pyramid), wo sich Künstler und Politiker begegnen. Er hat eine wöchentliche Kolumne in einer großen türkischen Zeitung.

Suphi (11)
Sibel & Bedri

»Die Europäische Union bedeutet für mich modernes Leben und Kunst.« Suphi (11)

2020 **Suphi (11):** Ich bin dann Arzt oder Rechtsanwalt.
Sibel: Wir haben Lust, in Istanbul oder vielleicht in Berkeley (USA) zu leben, wo ich mein Buch schreiben könnte.
Bedri: Ich kämpfe gegen die herrschende Regierung, weil sie die Lücken im System ausnutzt und sich demokratisch gibt, aber in Wirklichkeit die Demokratie abbaut. Ich hoffe, dass wir diesen Kampf nicht in zehn Jahren verloren haben.

UMWELTSCHUTZ **Suphi:** In Istanbul gibt es täglich Verkehrsstaus. Wie das die Luft verschmutzt! Ich würde gerne mithelfen, in der Stadt wieder Bäume zu pflanzen. Zu Hause trenne ich den Müll, knipse das Licht aus und drehe die Wasserhähne fest zu.

EU **Bedri:** Die EU will nicht, dass die Türkei Mitglied wird, und die jetzige Regierung will das auch nicht – aber beide liegen daneben. Demokratie besteht in der Türkei darin, den Frauen zu erlauben, Kopftuch zu tragen! Freunde von mir – Schriftsteller, Journalisten, Wissenschaftler – sitzen im Gefängnis, und die EU kümmert das nicht. Die Europäer behaupten, dass die Regierung alles für den Aufbau einer wahren Demokratie tue, weil ihre wirtschaftlichen Interessen im Spiel sind.

ELTERN **Suphi:** Mein Vater reist viel, er ist nicht oft zu Hause. Am liebsten gehe ich mit ihm zu Fußballspielen. Mit meiner Mutter gehe ich einmal in der Woche ins Kino.

WÜNSCHE **Suphi:** Der Champion in der amerikanischen NBA und bester Basketballspieler der Türkei zu sein.
Sibel: Ein Haus in Berkeley und mehr Zeit für mich.
Bedri: Frieden und Demokratie in meinem Heimatland sichern. Alle Buchprojekte zu Ende bringen (zwölf sind geplant, 23 schon geschrieben).

Kurze Zeit nach dem Interview wurde Bedri beim Verlassen einer politischen Versammlung mitten in Istanbul Opfer einer Messerattacke. Er ist nur knapp dem Tod entgangen und setzt seinen Kampf fort.

TAKSİM - TÜNEL
AV MEVSIMI
MARMARA
FUTBOL
86160

Romain & Danielle

Danielle hat mit Behinderten und Arbeitslosen gearbeitet, bevor sie Grundschullehrerin wurde. Romain ist Gründer des Projekts »Solidarische Wirtschaft«, bei dem der Mensch und nicht der Profit im Mittelpunkt steht.

Jennifer (14) auf der Pferdekoppel

Jennifer geht noch zur Schule. Die Gymnasiastin zeichnet gerne und nimmt mit dem Pferd, das ihr und ihrem Bruder gehört, an Dressurprüfungen teil.

David (17) am Küchenherd

David macht eine Ausbildung in einer Hotelfachschule, um seinem Traumberuf Chefkoch näherzukommen. Außerdem lernt er Fremdsprachen: Französisch, Deutsch, Englisch, Niederländisch. Selbstverständlich spricht er auch Luxemburgisch.

2020 **David (17):** Ich eröffne mein Hotel in den Vogesen nahe der französischen Grenze.
Jennifer (14): Nach der Kunstakademie lebe ich mit meinen Pferden auf dem Land.
Danielle: In der Bretagne leben.
Romain: Im Prinzip bin ich dann im Ruhestand, aber wenn man an solch einem Projekt arbeitet, hört man nicht von heute auf morgen auf.

UMWELTSCHUTZ **David:** Ich mache da nicht viel, wir haben zu Hause nur eine Mülltonne.
Danielle: Wir achten nicht so genau auf Wiederverwertung, wie wir es eigentlich sollten.
Romain: Recycling ist gut, aber davon profitieren die großen Unternehmen. Heutzutage basiert der Umweltschutz vor allem auf Verboten und weniger auf kreativen Ansätzen.

EU **Romain:** Nach zwei Weltkriegen war das eine gute Idee, aber auch wirtschaftlich zusammenzuarbeiten ist etwas anderes. Wenn wir eine sozialere Wirtschaftsordnung hätten, wäre das wunderbar, aber davon sind wir weit entfernt.
Danielle: Wir sind ein kleines Land mit einer multikulturellen Bevölkerung, aber diesen kulturellen Reichtum nutzen wir gar nicht. Die Migranten bleiben am Rand der Gesellschaft. Ich wünschte mir, mehr über ihre Kultur zu erfahren, und umgekehrt sollten sie mehr über die unsrige lernen.

ELTERN **Jennifer:** Ich habe ein gutes Verhältnis zu meinem Vater, und meine Mutter betrachte ich als meine beste Freundin.

KINDER **Danielle:** Ich konnte es kaum erwarten, Teenager zu haben, weil ich mir das spannend vorstellte. Und in der Tat, spannend ist es, aber auch sehr anstrengend!
Romain: Bis jetzt ist es uns immer gelungen, miteinander zu kommunizieren, auch wenn es manchmal kracht.

WÜNSCHE **Romain:** Dass die Wettbewerbsgesellschaft irgendwann einer solidarischen Gesellschaft weichen wird.
Danielle: Weniger Leistungsdruck in der Schule!

»Die EU ist klasse! Ich werde einmal in jedem beliebigen Dreisternehotel in Europa arbeiten können!« David (17)

MEIN WUNSCH:
MICH DUSCHEN
UND **MEINEN**
FREUND
UMARMEN!

Filipa (21), PORTUGAL

Carlos & Almeida / Filipa (21) / PORTUGAL – São Martinho

Ljubica / Milena (21) / MONTENEGRO – Kotor

Vjollca & Shefki in ihrem farbenfrohen Wohnzimmer

Nach dem Vorbild des Bürgermeisters von Tirana, der die tristen Fassaden der Mietshäuser in gewagten Farben anstreichen ließ, haben sie ihrerseits den Zimmerwänden kräftige Farben verpasst!

Dejvit (16) posiert vor den allgegenwärtigen Porträts seiner Großmutter
»Beim Gedanken an die EU möchte ich fast an das Ende der Arbeitslosigkeit glauben. Wenn ich mir ein Land für eine Arbeitsstelle aussuchen dürfte, dann wäre es Deutschland.«

Andreja & Alès

Andreja ist Lehrerin für Deutsch und Slowenisch. Sie übersetzt daneben Kochbücher für einen Verlag. Segelfliegen ist die Leidenschaft von Alès: Er ist 2007 in neun Stunden 910 Kilometer weit geflogen. Er besitzt eine IT-Firma, die große slowenische Unternehmen berät.

Alja (14)

findet, dass sie so ähnlich aussieht wie ihr Idol Avril Lavigne. Alja betreibt aktiv Volleyball und spielt Gitarre.

2020 **Alja (14):** Ich interessiere mich für Sprachen und für das Theater, aber ich weiß noch nicht, was ich später machen möchte. Ich kann mir ein Studium in England gut vorstellen.
Andreja: Ich hoffe, dass ich meinen Lebensunterhalt nur mit Übersetzungen bestreiten kann.

EU **Alja:** Der Beitritt zur EU war für Slowenien eine großer Schritt nach vorne. Jetzt haben wir die Beziehungen zu anderen Staaten ausgeweitet, und rein menschlich gesehen gefällt mir das.
Andreja: Die Zugehörigkeit zur EU gibt mir ein größeres Sicherheitsgefühl. Von der Globalisierung bin ich allerdings weniger angetan.
Alès: Wir haben keine andere Wahl gehabt, wir mussten beitreten, aber für ein kleines Land wie Slowenien ist das ein finanzieller Kraftakt. Seit zwei Jahren spüren wir die Auswirkungen der Krise, und die Leute ändern allmählich ihre Meinung.

UMWELTSCHUTZ **Alja:** Es geht um unseren Planeten, er muss geschützt werden, sonst geht er zugrunde, vielleicht sogar schon in zehn Jahren.
Alès: In Slowenien gibt es eine mächtige Lobby für den Vogelschutz. Folglich investiert die Regierung nicht in Windparks. Aber in anderen Ländern stellen die Vögel kein Hindernis für die großflächige Einrichtung von Windparks dar. Wir könnten aufs Land ziehen und von unserem eigenen Obst- und Gemüseanbau leben. Wir besitzen sehr viel mehr Dinge als vor zehn Jahren (zwei Autos, einen Wohnwagen, ein Segelflugzeug, reichlich Zubehör für die Fahrräder ...), vermutlich ist das überzogen.

ELTERN **Alja:** Mein Vater arbeitet viel, und ich sehe ihn nicht so oft wie meine Mutter. Wir spielen gemeinsam Gitarre. Er hatte früher eine Band, aber er singt schrecklich falsch.

KINDER **Andreja:** Ich bewundere die Energie meiner Tochter. Sie ist sehr einfallsreich. Wir sind zurzeit nicht einer Meinung, was die Ausgehzeiten und das Aufräumen angeht. Dann streiten wir uns, obwohl ich das gar nicht mag. Danach denke ich an meine eigene Jugend, an meine Eltern und deren Verbote, die mir schließlich doch geholfen haben, erwachsen zu werden.

WÜNSCHE **Alès:** Ich möchte vier Tage in der Woche arbeiten und die drei anderen in einem kleinen Haus am Meer verbringen.

»Slowenien ist ein geruhsames Land, man findet dort Arbeit. In den USA kann man berühmt werden, in Slowenien nicht. Aber mir ist das nicht wichtig.« Alja (14)

SLOWENIEN, LJUBLJANA
Jugendliche Akrobaten

Während wir fotografierten, improvisierte Derk auf seiner Gitarre

Er ist von Beruf Musiker und Gitarrenlehrer. Er gärtnert gerne und liebt die Beschaulichkeit. Er kann sich vorstellen, dass er in zehn Jahren seine Tochter, die jetzt schon eine sehr gute Sängerin ist, als Coach betreut.

Maureen (14), künftiger Rockstar, in ihrem Zimmer

Maureen singt gern, nimmt neben der Schule noch Musikunterricht und gibt Konzerte. Nach dem Abitur will sie in Rotterdam und dann in Boston studieren.

2020 **Maureen (14):** Sich in der Welt umsehen und singen. Später möchte ich eine Familie mit sechs Kindern haben. Eine richtige Familie habe ich zurzeit nicht.

UMWELTSCHUTZ **Maureen:** In der Schule redet man viel darüber, aber das interessiert mich nicht besonders. Wenn ich berühmt und reich bin, dann helfe ich in Afrika den Kindern, die es ja nicht leicht haben, und auch den Tieren dort.

Derk: Im Laufe von zehn Jahren hat sich die Natur erholt: Im Kanal gibt es wieder Frösche, außerdem viele Vögel. Die Menschen in der Nachbarschaft sind jetzt aufgeschlossener für die Müllprobleme. Hätte ich aber die Wahl ... ich würde irgendwo auf einer einsamen Insel unter einem Baum wohnen.

EU **Derk:** Eines Tages wird die EU hoffentlich eine große Familie sein, eine echte Gemeinschaft. Die Verbindung all dieser Sprachen, Religionen und Kulturen kann die Musik schaffen. Ihre Sprache ist authentischer als die Sprache der Schrift.

ELTERN **Maureen:** Seit eineinhalb Jahren lebe ich bei meinem Vater. Unser Verhältnis ist super. Er ist ganz Vater, aber auch ein sehr guter Freund. Wir reden stundenlang über Musik und erfinden die Welt neu.

KINDER **Derk:** Bei Schulaufgaben oder im Haushalt verhalte ich mich wie ein richtiger Vater. Kommen Freunde von ihr, versuche ich ein Freund zu sein. Ich weiß, was Liebe bedeutet. Sein eigenes Wesen mit anderen zu teilen ist das Wichtigste im Leben.

Dima (17) am Werke

Dima komponiert elektronische Musik, malt und arbeitet künstlerisch mit Metall. Er studiert am Institut für angewandte Kunst, an dem seine Eltern unterrichten.

Viktoria & Vasyl vor einer Büste von Paderewski im Bildhaueratelier des Instituts

Vasyl ist Maler und Bildhauer und zudem stellvertretender Direktor des Instituts, das in diesem Jahr den 130. Jahrestag seiner Gründung feiert. Vasyl unterrichtet seit 18 Jahren. Viktoria ist Künstlerin und Mitglied des Lehrkörpers.

2020 **Dima (17):** Ich möchte nach Kiew oder nach Polen gehen und Architekt werden.
Viktoria: Andere Länder sehen, den Louvre besichtigen und die bedeutenden Akademien, an denen viele ukrainische Künstler studiert haben.
Vasyl: Ich bin dann immer noch jung und dynamisch und stelle meine Gemälde in Frankreich aus.

UMWELTSCHUTZ **Dima:** Umweltfragen interessieren mich überhaupt nicht.
Viktoria: Für den Müll gibt es bei uns keine Infrastruktur. Wir kaufen vor allem lokale Produkte auf dem Markt und sind nicht auf den Supermarkt angewiesen.

EU **Dima:** Für mich hat die Ukraine noch kein europäisches Niveau. Die Korruption blüht, und eine soziale Mittelschicht gibt es nicht. Die Leute sind entweder sehr reich oder sehr arm.
Viktoria: Das Wichtigste für uns wäre, dass wir ohne irgendwelche Einschränkungen reisen können.

ELTERN **Dima:** Sie haben mich sehr beeinflusst. Zum Malen gehe ich mit meinem Vater in die freie Natur. Meine Mutter spielt Klavier und berät mich bei meinen Kompositionen.

KINDER **Vasyl:** Mein Sohn ist in gewissem Sinn ein Menschenfreund, der anderen immer helfen will. Ich wünschte, er wäre entschlussfreudiger und zeigte größere Ausdauer bis zum Schluss. Er sollte Englisch lernen und mehr lesen.

Ruxandra & Razuan

Ruxandra ist Ingenieurin für Haustechnik und Chefin eines Unternehmens mit 20 Angestellten mit den Spezialgebieten Belüftung, Elektrizität und Klimanlagen. Razuan ist stellvertretender Chef. Ruxandra ist begeisterte Fotografin und lässt sich auch gerne fotografieren. Sie hat deswegen alles darangesetzt, um an unserem Projekt teilzunehmen.

Alexandru (16)

in seinem Zimmer, das er als Tonstudio eingerichtet hat. Mit sechs Jahren hat Alexandru mit dem Klavierspiel angefangen. Jetzt komponiert er, spielt neben dem Klavier auch Schlagzeug und ist Sänger in einer Band, die sich von der Rockmusik, vom Blues und von Jimmy Hendrix beeinflussen lässt.

2020 **Alexandru (16):** Meine Mutter hofft, dass ich ihr Unternehmen als Chef übernehme, aber meine Neigung geht mehr in Richtung Musik. Ich werde vielleicht in Finnland leben, weil dort meine Lieblingsbands spielen. Ich habe dann hoffentlich eine Familie und bringe meinen Kindern Musik bei.

Razuan: Ich möchte, dass wir alle drei noch immer auf diesem Sofa sitzen.

Ruxandra: Ich wohne dann in einem größeren und moderneren Haus.

UMWELTSCHUTZ **Alexandru:** Unser Land ist so reich an schöner Natur, aber um ihren Schutz kümmern wir uns nicht. Wir haben extreme Klimaschwankungen, die Winter sind sehr kalt und die Sommer sehr heiß, und die Sonnenkollektoren und Windräder für Heizung und Klimaanlagen können nicht genügend Energie liefern. In unserer Schule gibt es eine Umweltschutzgruppe, die über Möglichkeiten diskutiert, auf diesem Gebiet etwas zu unternehmen.

Ruxandra: Diese Probleme machen einen Teil meiner Arbeit aus. Ich nehme Kontrollen zur Energieeinsparung bei Gebäuden vor und zur Beachtung von Umweltbelangen auf den Baustellen. Unser Haus hat eine neue Wärmedämmung, und wir fangen im Garten das Regenwasser zur Wiederverwertung in einem Reservoir auf.

Razuan: Recycling ist nichts Neues für uns. Schon während des Kommunismus brachten wir Flaschen und Papier in die Schule.

EU **Razuan:** Rumänien hat einen schlechten Ruf, aber ich möchte beweisen, dass er nicht gerechtfertigt ist.

Ruxandra: Ich liebe mein Vaterland, aber nicht zwangsläufig alle Rumänen.

ELTERN **Alexandru:** Meine Mutter setzt nicht allzu viel Hoffnungen in meine Zukunft als Musiker. Ich habe gute Noten in der Schule, selbst wenn ich mich nicht besonders anstrenge, doch meine Mutter hält mich für einen Faulpelz. Mit drei Jahren habe ich angefangen, Englisch zu lernen!

KINDER **Ruxandra:** Mein Sohn hat eine großherzige, starke Persönlichkeit. Er ist sehr gewissenhaft, trinkt und raucht nicht, hat keine Freundin und ist ein sehr guter Musiker.

Razuan: Unsere Beziehung ist im Augenblick eher »distanziert«. Ich muss zehnmal das Gleiche sagen, bis er endlich reagiert.

WÜNSCHE **Ruxandra:** Ich möchte mit mir selbst in größerer Harmonie leben. Ich fühle eine innere Leere und habe kein selbst gestecktes Ziel.

Razuan: Ich will eine bessere Beziehung mit Alex.

»Ich denke, die EU wirft Rumänien als erstes Land hinaus. Wir haben zu viele Probleme. Korruption und Roma tragen zum schlechten Erscheinungsbild unseres Landes bei.« Alexandru (16)

Hakcan & Durmus

Durmus ist Besitzer eines Transportunternehmens, eines Elektrizitätswerks, einer Kaffeehauskette, eines technischen Überwachungsvereins und eines Fuhrparks von 400 Lastkraftwagen in 80 Ländern. Er ist Pilot und besitzt ein eigenes kleines Flugzeug. Hakcan ist Hausfrau, lernt Spanisch und bildet sich in Informatik und Kunstgeschichte weiter.

Ece (18)

präsentiert sich mit ihren in Japan maßangefertigten Schuhen (Größe 34). Sie geht in die letzte Klasse, begeistert sich für lateinamerikanische Tänze und möchte Eventmanagerin werden.

2020 **Ece (18):** Ich bin verheiratet, habe aber keine Kinder. Ich mache Öffentlichkeitsarbeit oder übernehme die Organisation von Hochzeiten. Ich möchte eine eigene Firma besitzen und nicht mit meinem Vater zusammenarbeiten.
Durmus: Mein Ziel: 10 000 Angestellte und 26 Unternehmen in elf Ländern. Nach und nach gebe ich vielleicht meine Funktionen auf, und in sieben Jahren möchte ich eine eigene Ranch mit 40 Hektar besitzen. Ich bin dann 60 Jahre alt.
Hakcan: Ich folge meinem Mann auf diese Ranch, die so eine Art Arche Noah für uns ist. Ein Kaninchen habe ich schon.

UMWELTSCHUTZ **Ece:** In der Türkei hat sich das Klima verändert, das ist nicht normal.
Durmus: Mülltrennung gibt es in allen meinen Fabriken und Unternehmen.

EU **Hakcan:** Für die Türkei ist sie nicht wichtig, aber die menschlichen Werte, die man in Europa verteidigt, müssten auch in der Türkei gelten. Wenn unsere Wirtschaft noch stärker wird, brauchen wir die Europäische Union nicht.

ELTERN **Ece:** Meine Mutter ist vorbildlich, sie versteht mich und weiß alles von mir, kennt meinen Freund und meine Schule. Sie ist für mich eher eine Freundin oder eine Schwester als eine Mutter. Mein Vater arbeitet ununterbrochen, er liebt mich und wird alles für mich tun.

KINDER **Hakcan:** Meine Tochter ist sehr natürlich und steht mit beiden Füßen auf dem Boden. Sie kennt ihre Grenzen. Wir sprechen über alles.
Durmus: Mir wäre es lieb, wenn Ece nach ihrem Master mit mir zusammenarbeitet. In zehn Jahren ist sie vielleicht verheiratet und lebt woanders.

WÜNSCHE **Ece:** Ich möchte meinen Master in England machen, mehrere Sprachen beherrschen und eine gute Position im Leben haben.
Hakcan: Ich begegnete meinem Mann auf der Universität; wir heirateten sofort und bekamen unsere Kinder. In unserer Jugend konnten wir viele Dinge nicht tun. Wir werden sie jetzt, da die Kinder groß sind, nachholen.

»Die Europäer wollen uns nicht, und wir haben keine rechte Lust mehr, uns Europa anzuschließen.« Ece (18)

Francis & Axelle, sie hat eine Sammlung von Schuhen mit roter Sohle
und produziert Spiel- und Fernsehfilme. Francis ist Vorsitzender einer Organisation für Unternehmensberatung.

Antoine (16) würde gerne Polo spielen, den Blouson dazu hat er schon
Er ist Internatsschüler in England. Seine Mitschüler sind Iraner, Usbeken und andere Nationalitäten, von denen er vorher nie gehört hatte.

2020 **Axelle:** Ich würde gerne wieder Klavier spielen und mich der Bildhauerei widmen; außerdem würden mich Eisenplastiken reizen.

UMWELTSCHUTZ **Antoine (16):** In dem Internat in England findet keine Mülltrennung statt. Alles kommt in dieselbe Tonne.

Axelle: Ich lebe schon seit langem umweltbewusst. Vor 20 Jahren habe ich bei den Wahlen für Génération Écologie kandidiert und bin sehr stolz, drei Prozent errungen zu haben. Ich war grün von Anfang an. Das ist eine Ethik fürs Leben, keine bloße politische Gesinnung.

EU **Axelle:** Vor zehn Jahren war ich noch dagegen, aber heute finde ich das großartig, ja unerlässlich, wenn wir uns gegen den Rest der Welt behaupten wollen. Vor allem bei Fragen der Finanzierung in meiner Branche, der Filmwirtschaft.

Francis: Ich habe erst nicht so recht daran geglaubt, aber jetzt merke ich, dass ich in Europa lebe und seine Vielfalt schätze. Dabei ist es aber wichtig, dass jedes Land gegen den Konformitätsdruck aus Brüssel seine Identität bewahrt.

ELTERN **Antoine:** Ich hätte gerne einmal so einen Sohn wie mich, um zu sehen, wie ich mich ihm gegenüber verhalten würde.

Marko (19) umgeht das Radfahrverbot im Park

Marko bereitet sich auf die Aufnahmeprüfung an der Universität vor. Er spielt Gitarre und fährt Mountainbike in den Bergen des Umlandes.

Djenyu & Alexsandrina leben getrennt und haben sich für das Foto zusammengefunden

Alexsandrina ist Dozentin und Dolmetscherin am italienischen Kulturinstitut. Djenyu ist Verwaltungsdirektor eines kleinen Einkaufszentrums.

2020 **Marko (19):** Ich habe meinen Master in Jura und Wirtschaftswissenschaften entweder in England oder Italien abgelegt, aber ich kehre nach Bulgarien zurück.

EU **Marko:** Als Regierungsform ist die EU die richtige Alternative. Das ist das Beste, was dem Alten Kontinent passieren konnte.

Djenyu: Bulgarien war für den EU-Beitritt noch nicht reif. Unsere Wirtschaft ist nicht stabil. Die Lohnunterschiede innerhalb der EU sind groß, aber die Lebenshaltungskosten sind gleich, das begünstigt den Schwarzmarkt.

Alexsandrina: Die Idee ist gut, jetzt müssen wir einen Weg finden, gemeinsam zu leben.

ELTERN **Marko:** Meine Mutter ist sehr großzügig. Sie erlaubt mir vieles, was andere Jugendliche nicht dürfen. Zugleich kümmert sie sich aber nicht genug um mich. Mein Vater ist streng, aber so, wie er es macht, ist es richtig. Ich würde mich mehr um meine Kinder kümmern und die Familie zusammenhalten. Ich möchte einmal zwei Kinder haben, das ist ganz wichtig. Ich bin Einzelkind, ein Bruder oder eine Schwester fehlt mir sehr!

KINDER **Djenyu:** Marko ist anders als die anderen Jugendlichen. Er will unbedingt in Bulgarien leben, obwohl er anderswo in Europa Arbeit finden würde.

WÜNSCHE **Djenyu:** Dass meine Kollegen auf mich hören! Wir haben 30 Jahre Rückstand hinsichtlich Modernisierung und Betriebsführung. Wir müssen Fortschritte machen.

Fred & Petra

Petra führt ein Restaurant am Strand von Harlingen. Sie spielt gerne Tennis, arbeitet aber ganzjährig an sieben Tagen in der Woche.

Iris (18)

hebt ab ...

Sie hat gerade ihre Prüfung an der Hotelfachschule geschafft. Sie will weiterstudieren, um einmal die Geschäftsführung eines Restaurants zu übernehmen. Im Sommer arbeitet sie bereits im Restaurant ihrer Mutter.

2020 **Iris (18):** Ich werde das Restaurant meiner Mutter übernehmen. Ob ich Kinder will, weiß ich nicht, denn wenn ich mein eigenes Restaurant führe, bin ich viel zu beschäftigt. Ich kenne das aus eigener Erfahrung, meine Mutter hatte nicht viel Zeit für mich ...

Petra: Ich hoffe, dass ich mich dann zur Ruhe setzen kann und dass meine Tochter das Restaurant übernimmt. Ich unternehme, wie schon einmal für anderthalb Jahre, eine große Reise mit dem Segelschiff.

EU **Petra:** Fern von Europa fühle ich mich als Europäerin, in Europa fühle ich mich als Holländerin, und daheim in Harlingen fühle ich mich als Friesin. Im Prinzip bin ich Weltbürgerin. Worin unterscheiden sich die Friesen vom Rest der Bevölkerung? Die Friesen haben ihre eigene Sprache, sie leben in der ruhigsten Ecke der Niederlande und sind viel gelassener als die anderen Holländer!

UMWELTSCHUTZ **Petra:** In unserem Restaurant schenken wir Fairtrade-Kaffee aus, der von Bauern aus Südafrika produziert wird. Wir haben Eis aus heimischer Herstellung im Angebot, unser Metzger liefert uns nur Biofleisch. Unsere Kundschaft ist damit sehr zufrieden.

ELTERN **Iris:** Meine Mutter hat ihren eigenen Kopf und ich ebenfalls, da kracht es schon mal zwischen uns. Am liebsten spiele ich Tennis mit ihr. Wir haben denselben Tennislehrer, wir haben viel zu lachen.

KINDER **Petra:** Eine Zeit lang war das Verhältnis zwischen uns sehr angespannt, aber das ist jetzt vorüber. Wir waren wie Feuer und Wasser. Ich habe begriffen, dass sie ihre Grenzen austesten wollte, ohne dass ich mich einmischte. Für mich war das ein Kampf. Jetzt ist sie ruhiger geworden. Wir verstehen uns wieder prächtig.

WÜNSCHE **Iris:** Dass meine Mutter und ihr Freund zu ihrer Weltreise aufbrechen und ich das Restaurant übernehme.

Petra: Mein Traum ist es immer gewesen, ein Restaurant am Strand zu haben ... Heute träume ich davon, einmal einen freien Tag zu haben!

UMWELTSCHUTZ

»Das interessiert mich nicht so sehr, meine Ausbildung ist mir wichtiger...« Iris (18)

PORTUGAL, PRAIA DE MACAS
Windstärke zehn an der Atlantikküste

Elvi (16) im Hof seines Mietshauses

Elvi geht zur Schule, spielt Basketball und Fußball in einem Verein und liest gerne.

Lubjana & Halit mit einer von Halits Jagdtrophäen

Halit ist tagsüber Metallarbeiter, und nachts arbeitet er als Sicherheitsmann. Seine Hobbys sind die Jagd in den umgebenden Wäldern und Fischen im Meer. Lubjana ist Wirtschaftswissenschaftlerin und spielt Klavier. Um einen besseren Job zu bekommen, besucht sie seit drei Jahren jeden Sonntag Wirtschaftskurse.

Elvi (16)
Lubjana & Halit

»Ich werfe meinen Abfall in den Abfalleimer, was in Albanien nicht selbstverständlich ist. Schauen Sie sich mal unseren Hof an!« Elvi (16)

2020 **Elvi (16):** Ich wandere nach Kanada aus, zu meinem Onkel in Toronto ... Ich weiß noch nicht, welchen Beruf ich dann haben werde.
Lubjana: Ich arbeite weiterhin und bin wahrscheinlich dann schon mehrfache Großmutter!

EU **Halit:** Die Albaner sind sehr gewissenhafte Arbeiter, aber der Mindestlohn liegt bei 100 Euro pro Monat. Mitglied der Europäischen Union zu werden, würde uns sicherlich helfen, aber was die hiesigen Politiker machen, entspricht nicht den europäischen Anforderungen.

UMWELTSCHUTZ **Halit:** Auf den Straßen liegt überall Müll herum. Uns fehlen die nötigen Gesetze. Unter dem kommunistischen Regime herrschte mehr Disziplin, und es gab Strafen.

ELTERN **Elvi:** Manchmal gut, manchmal nicht so gut. Wenn ich in der Schule nicht so lerne wie die anderen, sind meine Eltern unzufrieden mit mir. Aber sie haben Charakter und sie arbeiten sehr viel, das imponiert mir. Sie geben nie auf. Meine Mutter ist lieb, mein Vater sehr streng, aber er brüllt mich nicht an. Das hat er bei meinem großen Bruder gemacht, und das hat nicht funktioniert.

WÜNSCHE **Elvi:** Ein eigenes Zimmer haben – zurzeit teile ich es mit meiner Großmutter.
Lubjana: Mein Wirtschaftsdiplom in der Tasche haben.

TUBORG

Tomas & Elsa

mit ihren vierbeinigen Freunden.
Tomas ist Lehrer. Jagen und Angeln sind seine Hobbys. Elsa hat von ihrem Vater einen großen Baumarkt geerbt. Tomas hilft ihr an den Wochenenden und in den Schulferien. Elsa hat vor kurzem mit dem Reiten angefangen.

Efthymia (15)

in ihrem Prinzessinnenzimmer.
Efthymia beschäftigt sich viel mit Tieren, liest gerne und geht oft mit ihren Freundinnen aus.

2020 **Efthymia (15):** Ich möchte studieren, einen Beruf ausüben, der mit Kindern zu tun hat, und in der Stadt leben. Vielleicht werde ich schon eine Familie haben.
Elsa: Ich wünsche mir ein ruhiges Leben hier auf dem Bauernhof. Vielleicht bin ich dann Großmutter.

EU **Tomas:** Die EU ist eine Familie, deren Mitglieder in den kommenden Jahren gemeinsame Fortschritte machen müssen. Ich bin überzeugter Europäer.
Elsa: Ja, Fortschritte machen, nicht Rückschritte.

UMWELTSCHUTZ **Efthymia:** Der Umweltschutz geht mich schon an, aber hier im Dorf gibt es für die Wiederverwertung wenig Möglichkeiten, weil es keinen Container gibt. Ich bin bereit, keine umweltschädlichen Produkte mehr zu benützen wie Sprays zum Beispiel.
Tomas: Im Alltag befolgen wir einige Grundsätze. Wir haben uns in einer Aktionsgruppe zusammengetan und kümmern uns um den Brandschutz und den Schutz der Tierarten in der Umgebung. Vor allem gelang es uns, einen kleinen Fluss dem See zuzuführen, damit er ihn wieder auffüllt.

ELTERN **Efthymia:** Ich höre auf die Ratschläge meines Vaters. Meine Mutter ist o.k., da muss sich nichts ändern, alles läuft bestens.

KINDER **Elsa:** Es gibt Streit um die Art und Weise, wie sie sich kleidet und mit den Leuten spricht, aber wirklich wichtig ist das nicht, wir sind eher ihre Freunde. Die Autorität im Hause, das bin ich!

WÜNSCHE **Efthymia:** Griechenland soll eine bessere Zukunft haben.
Tomas: Möge die Welt für die nächsten 5 000 Jahre in Frieden leben.

»Die Mitgliedschaft in der EU gefällt mir. Jetzt aber denke ich, dass Griechenland vor einiger Zeit besser aus der EU ausgetreten wäre. Wir haben zu viele Probleme.«
Efthymia (15)

TÜRKEI – Istanbul

RUMÄNIEN – Moieciu

FINNLAND – Kirkkonummi

ITALIEN – Rom

DEUTSCHLAND – Troisdorf

RUMÄNIEN – Sacele

ÖSTERREICH – Altheim

SERBIEN – Belgrad

NIEDERLANDE – Beesd

GRIECHENLAND – Ioannina

UNGARN – Szigetvár

ITALIEN – Reggello

»Das ist mein Leben, weißt du, und nicht deines.«

Susan & Jan

bei ihrer Kaffeepause.
Jan hat eine Glaserwerkstatt. Susan ist Kommunikationsdesignerin in einer großen Werbeagentur.

Fie (17) und Kasper (15)

scheuen den Regen nicht ...
Fie geht aufs Gymnasium, sie liebt besonders Fremdsprachen (Deutsch und Spanisch). Sie tanzt Hip-Hop und Modern Dance. Kasper geht auf die Realschule.

2020

Fie (17): Erst Jura studieren und dann Staatsanwältin werden. Später werde ich bestimmt auch eine Familie haben, aber das Studium geht vor!

Kasper (15): Ich arbeite gerne mit den Händen, ich werde ein Handwerk erlernen.

Jan: In die Stadt ziehen, wenn die Kinder einmal aus dem Haus sind.

UMWELTSCHUTZ

Fie: Meine Mutter hat mit der Mülltrennung angefangen, deshalb mache ich es jetzt auch. Letzten Sommer habe ich an einem Ökofestival teilgenommen, bei dem sich alles um Wiederverwertung und erneuerbare Energien drehte. Trotzdem, ich traue dem Ganzen nicht so recht ...

Kasper: Ich bin kein »Grüner«.

Susan: In Dänemark zahlt man mehr Steuern, wenn der Energieverbrauch eine bestimmte Grenze übersteigt.

EU

Kasper: In der EU zu sein ist schon gut, aber noch besser wäre es, den Euro zu haben, dann bräuchte man beim Reisen nicht mehr Geld wechseln.

Fie: Der Euro würde manches vereinfachen, aber ich befürchte, dass dadurch alles teurer würde. Die Preise werden leichter erhöht, wenn die Verbraucher den Wechselkurs nicht beherrschen.

Jan: Meiner Ansicht nach hätten wir schon längst den Euro einführen sollen. Dänemark würde sich dann europäischer, stärker mit den anderen Ländern verbunden fühlen.

ELTERN

Kasper: Meine Mutter will nur das Beste für mich, aber das ist nicht immer, was ich selbst als das Beste für mich ansehe. Wenn sie mir etwas verbietet, reizt mich das umso mehr, es doch zu tun. Ich muss meine eigenen Erfahrungen machen, Punkt. Für sie ist das oft nicht einzusehen.

Fie: Mein Vater ist immer bereit, uns zu helfen, wenn wir Probleme haben. Die beiden wollen uns zu sehr behüten. Sie streiten oft mit meinem Bruder. Als Schwester kann ich ihm leichter gewisse Dinge sagen, aber das hängt von der Situation ab (und davon, um welche Dummheit es sich handelt!).

KINDER

Jan: Unser Sohn ist im kritischen Alter. Er glaubt, selbst entscheiden zu können, wie viel Alkohol er verträgt, wo er schläft, wann er nach Hause kommt usw. Er wird bei solchen Themen schnell aggressiv.

Susan: Er will alles ausprobieren und hasst uns, weil wir es ihm verbieten. Dass seiner zwei Jahre älteren Schwester schon manches erlaubt ist, macht ihn rasend.

WÜNSCHE

Kasper: Nach Afrika oder Japan reisen und dort die Kultur und die Tierwelt entdecken.

Susan: In Südfrankreich leben.

»Mein Traum wäre es, Redakteurin bei einer Modezeitschrift zu werden und das zu schreiben, was ich wirklich denke.« Fie (17)

Gricha (12) und Crespin (9) sind die Kinder von Nayla

Gricha geht in die siebte Klasse und spielt Klarinette im Schulorchester.

Nayla & Riccardo in der Küche, dem Königreich von Riccardo

Sie wohnen auf einem von Reben und Olivenbäumen umgebenen Bauernhof. Riccardo ist Fotograf, Nayla Kunstmalerin.

2020 **Gricha (12):** Ich wähle einen Beruf, in dem ich anderen helfen kann, also Ärztin oder Tierärztin. Ich bin aber auch sehr an Geschichte, Wissenschaft und Geografie interessiert, vielleicht werde ich Archäologin oder... Astronautin.

UMWELTSCHUTZ **Gricha:** Es wäre besser, alte Kleider zu verschenken, anstatt sie wegzuwerfen. Man muss sich Organisationen wie Greenpeace oder der Naturschutzorganisation WWF anschließen, alleine kann man nicht viel ausrichten.

Nayla: Ich denke ernsthaft daran, in die Politik zu gehen, um einiges in dieser Region zu verändern.

Riccardo: Für Warmwasser haben wir Sonnenenergie, und wir heizen mit Holz. Der gesamte organische Abfall kommt auf den Kompost oder in den Schweinestall.

EU **Riccardo:** Die Aufnahme der osteuropäischen Länder war ein wenig verfrüht, aber für die Gründungsstaaten der EU ist es ein Test, um Wege zu ihrer Integration zu finden, denn auch sie gehören zu Europa.

ELTERN **Gricha:** Unter Stress ist meine Mutter fast nicht auszuhalten. Mein Vater ist Holländer, er besucht mich zweimal im Monat. Er denkt immer, alles sei völlig in Ordnung, selbst wenn das nicht der Fall ist.

KINDER **Nayla:** Ich komme mir manchmal wie ein Diktator vor und versuche, weniger streng zu sein. Wir sprechen über alles, über den Tod, Sex, wir kennen überhaupt kein Tabu. Meine Tochter ist eigensinnig und feinfühlig zugleich, was eher eine gute Charaktereigenschaft ist.

Olof & Viveka arbeiten für eine Nichtregierungsorganisation (NRO)

Viveka verfasst Berichte zu Fragen der Ethik und des Umweltschutzes. Sie ist auch Musikerin und hat mehrere Platten aufgenommen. Olof leitet im Rahmen derselben NRO in Stockholm eine Klinik für misshandelte Kinder.

Mats (14) und Astrid (15)

Da die ganze Familie fünf Jahre in Bangladesch gelebt hat, hört Astrid gerne Hindi-Pop-Musik. Sie nimmt außerdem Ballettunterricht. Mats ist ein begeisterter Fußballspieler.

2020 **Astrid (15):** In Asien oder in den Vereinigten Staaten untersuche ich als Soziologin die verschiedenen Religionen.

Olof: Ich gehe vielleicht noch einmal nach Südasien und hoffe, dass die Frauen dort endlich ihre Gleichberechtigung erkämpft haben.

Viveka: Ich will mich für eine Wirtschaftsordnung einsetzen, die menschlicher und solidarischer ist, entweder im Rahmen einer NRO oder als Selbstständige im Sinne des sozialen Unternehmertums.

JMWELTSCHUTZ **Mats (14):** Der Anblick von Windrädern freut mich. Wenn unser Wagen den Geist aufgibt, kaufen meine Eltern kein Auto mehr.

Astrid: Man muss auf die Umwelt achten, bevor es zu spät ist. Selbst kleine Schritte sind nützlich, etwa die Verkürzung der Duschzeit, geringerer Papierverbrauch, das Ausschalten von Lampen oder das Fahren mit Metro oder Bus.

Viveka: Wir kaufen viele Dinge aus zweiter Hand. Unser Ferienhaus statten wir außerdem mit Sonnenkollektoren und einer Meerwasseraufbereitungsanlage aus.

Olof: Seit kurzem haben wir unsere Ersparnisse in »Ethikfonds« (sozial verantwortliche Investitionen) angelegt. Einige brachliegende Felder möchte ich wieder zu natürlichen Biotopen machen.

EU **Olof:** Die Lohnunterschiede beunruhigen mich, weil sie immer mehr zur Profitsteigerung führen.

Viveka: Die reichen Länder können ärmere Länder in der Weise unterstützen, dass sie dort Arbeitsplätze mit besseren Arbeitsbedingungen schaffen.

Gunilla & Tomas,

der beste Elvis-Darsteller Schwedens!
Gunilla ist Lehrerin in einer Hotelfachschule und führt nebenher noch ein Restaurant mit Bar im Hafen von Mölle. Sie interessiert sich für Pädagogik und Psychologie. Tomas ist Direktor des größten Hotels am Hafen und leitet einen Radiosender, der nur Hits der 50er- bis 70er-Jahre spielt.

Sebastian (19) und Nathalie (25)

auf ihrem musikalischen Dachboden.
Sebastian ist gerade mit der Schule fertig. Er arbeitet als Barmann im Restaurant seiner Mutter. Er surft, macht Musik und hat Pläne, eine eigene Band zu gründen. Mit seiner Familie ist er schon mit großem Erfolg bei einem internationalen Musikfestival aufgetreten. Nathalie ist DJ und arbeitet beim Radiosender ihres Vaters.

2020 **Sebastian (19):** Ich werde als Musiker arbeiten oder eine Bar in Stockholm, Göteborg oder im Ausland eröffnen.
Gunilla und Tomas: Ein kleines Restaurant oder eine Bar in Griechenland oder Spanien eröffnen.

EU **Sebastian:** Ich glaube, dass die Europäer über kulturellen Reichtum verfügen und daher nicht so leicht Moden hinterherlaufen.

UMWELTSCHUTZ **Sebastian:** Außer Mülltrennung und Recycling mache ich nicht viel. Ich versuche meine Eltern ebenfalls dafür zu gewinnen.
Gunilla: Mit meinen Schülern spreche ich jeden Tag darüber. Ich mache sie auf Bioprodukte aufmerksam und erkläre ihnen, was ökologische Herstellung ist.
Tomas: Ich bin kein guter Schüler, statt mich aufs Fahrrad zu schwingen, fahre ich mit meinem großen Auto.

ELTERN **Sebastian:** Mein Vater ist anders als die gewöhnlichen Väter. Ich bewundere ihn, weil er das macht, was er liebt: Er macht seine Musik und führt durch das Programm bei Abendveranstaltungen in der Bar meiner Mutter. Mit meiner Mutter zu arbeiten ist nicht immer leicht. Ich möchte Arbeit und Familienleben nicht vermischen.

KINDER **Tomas:** Wir sind uns alle sehr nah. Wir singen alle und machen Musik. Wir fahren jedes Jahr gemeinsam in Urlaub, und wir bemühen uns, jeden Samstag gemeinsam am Mittagstisch zu sitzen.
Gunilla: Wenn man ein Restaurant hat, sind die Kinder immer mit dabei, so ein Restaurant ist eher eine Lebensform als ein Gewerbe. Ich hätte nicht gedacht, dass meine Kinder einmal in der Gastronomie arbeiten, aber am Ende ist es doch so gekommen, und Sebastian ist wirklich gut!

»Meine Art, mich zu kleiden, hat nichts mit der Mode zu tun, auch nicht mit dem Look meiner Freunde, sondern mit der Musik.« Sebastian (19)

Gabriela (13), Mihaela (13) und Alessandra (19)

Die Zwillinge sind sehr sportlich und betreiben Leichtathletik, Fahrradfahren, Schwimmen, Eishockey, und Basketball. Gabriela möchte Webdesignerin werden und in Zagreb wohnen. Mihaela würde gerne wie ihre Mutter Kurse in Fotografie machen.

Brankica & Mladen, der passionierte Marathonläufer hat schon 500 Pokale gewonnen

Mladen ist Metallarbeiter. Brankica hat ihre Fotografiekurse aufgegeben, um sich um Tochter Alessandra, die das Down-Syndrom hat, zu kümmern. Gemeinsam engagieren sie sich in einer Gruppe (90 Prozent Frauenanteil!), die die Wälder der Umgebung säubert, sowie Fahrradwege und Trimm-Dich-Pfade anlegt. Mladen träumt davon, eine Sportschule zu eröffnen.

Francesco & Emanuela sind beide unerschrockene Raucher
Emanuela war Designerin. Sie kümmert sich jetzt um das Haus. Sie liebt die Literatur und das Kino. Francesco ist Schriftsteller und Verleger.

Olmo (19) und Teresa (16)
Teresa geht aufs Gymnasium und spielt Volleyball. Olmo studiert Anthropologie und komponiert elektronische Musik.

2020 **Emanuela:** Italien verlassen und nach Madrid ziehen.
Francesco: Wegziehen – in Florenz gibt es zu viele Touristen, die Stadt hat sich verändert, hier lebt es sich nicht mehr gut.

UMWELTSCHUTZ **Olmo (19):** Es wäre sinnvoll, Plastik und Erdöl durch andere Stoffe zu ersetzen, aber die italienische Regierung tut nicht viel, um die Bevölkerung für den Umweltschutz zu motivieren.
Emanuela: Ich könnte mir vorstellen, dass Familien sich zusammenschließen. Man könnte durch gemeinschaftliche Nutzung weniger verbrauchen.

EU **Olmo:** Wir sind ein demokratisches Land, aber die Regeln gelten nicht mehr. Deshalb möchten wir Italien verlassen. Ich fühle mich mehr als Europäer denn als Italiener.
Teresa (16): Hier wird nicht mehr in die Kultur investiert, die Museen verlottern, öffentliche Gelder wandern in die Taschen der Politiker.
Francesco: In Italien herrschen schlimme Zustände, niemand schert sich um Regeln, niemand glaubt noch an Werte. Dass man nicht mehr auf sein eigenes Land stolz sein kann, ist schrecklich.

KINDER **Emanuela:** Wir reden viel miteinander, aber wir sagen nicht alles. Ich bleibe immer die Mutter.
Francesco: Wir sind nicht die Freunde unserer Kinder, sondern ihre Eltern, daran gibt es nichts zu rütteln!

WÜNSCHE **Teresa:** Aus Italien wegziehen. Eine Arbeit finden, die mir gefällt.
Olmo: Einen Beruf haben, bei dem ich viel in der Welt herumkomme, andere Kulturen kennenlerne und meinen Horizont erweitere.

Christina (16): Dirndl sind bei jungen Mädchen wieder beliebt
Christina singt Volkslieder in einem Chor und geht zweimal in der Woche zum Training in einer Frauenfußballmannschaft. Außerdem strickt sie gern.

Karin & Alois vor ihrem Kachelofen
Karin ist Gemeindeangestellte. Sie liebt Standard- und lateinamerikanische Tänze, die sie mit ihrem Lebensgefährten tanzt. Alois arbeitet in der Hightechbranche. Er mag lieber Fahrrad fahren als tanzen.

2020 **Christina (16):** Ich hoffe, dass ich dann mein Medizin- oder Musikstudium abgeschlossen habe und in der Schweiz oder in Australien lebe.

JMWELTSCHUTZ **Christina:** In der Schule haben wir Fahrgemeinschaften gebildet. Fast niemand kommt mehr allein im Auto zur Schule!

Karin: Wir beheizen das Haus mit einer Wärmepumpe, das ist schon ein erster Schritt. Einmal jährlich findet auch eine von der Stadt organisierte Putzaktion in der gesamten Umgebung statt. Allerdings brauche ich täglich das Auto, da ich daheim zu Mittag esse, aber nur eine halbe Stunde Mittagspause zur Verfügung habe.

Alois: Ich habe ein Fahrrad und zwei Autos! Ich könnte öfter mein Fahrrad benutzen.

ELTERN **Christina:** Alois (mein Stiefvater) lebt seit sieben Jahren mit uns zusammen. Wir verstehen uns sehr gut. Während der Pubertät hatte ich Probleme mit meiner Mutter, aber jetzt haben sich die Spannungen gelöst. Mit meiner Mutter verbringe ich jedes Jahr ein paar Tage in Italien. Das ist eine Tradition bei uns, die ich richtig gut finde.

WÜNSCHE **Karin:** Keinen Atomkrieg und ein sorgenloses Leben in unserem schönen Österreich!

Pascal (16), Jeannie (12) und Benjamin (14), beim »Kunstflug«

Benjamin ist ihm Sportzug des Gymnasiums. Er spielt wettkampfmäßig Volleyball, schwimmt und mag auch skaten. Pascal ist im Zug »Wirtschaft und Sozialwissenschaften« des Gymnasiums, hat das Wahlfach Sport gewählt und spielt Schlagzeug.

Markus & Ursula mit der Kultpuppe »Flotti«

Ursula war Grundschul- und Turnlehrerin. Sie hat sich von ihren Kindern zu den Riesenpuppen inspirieren lassen. Markus ist Maschinenbauingenieur und arbeitet in der Textilbranche.

2020 **Markus:** Noch lange Zeit Marathon laufen wie der 74-jährige Liechtensteiner, der in seiner Altersgruppe den Marathon von New York gewonnen hat!

EU **Benjamin (14):** Den anderen Ländern zu helfen ist schon gut, aber Liechtenstein ist ein so kleines Land, das nicht viel beitragen kann.

Markus: Dank Europa wird Liechtenstein wirtschaftlich ernster genommen, aber das ändert nichts an der Gesinnung der Leute. Man ist hier nicht sehr offen für Europa.

UMWELTSCHUTZ **Pascal (16):** Ich komme mit Fahrrad oder Inlineskates überall hin – unser Land ist so klein.

Ursula: In Liechtenstein bleibt ein dicker Wagen weiterhin das Symbol für gesellschaftlichen Erfolg.

ELTERN **Benjamin:** Meine Mutter ist sehr kreativ, wie man sieht. Ich finde das allerdings ein bisschen übertrieben. Ihre Puppen sind in der ganzen Wohnung. Mein Vater ist immer guter Laune. Nur muss ich mit ihm immer verhandeln.

KINDER **Ursula:** Benjamin streitet oft mit mir, weil »Flotti« angeblich zu viel Platz in der Wohnung einnimmt.

Markus: Wir haben Regeln: Fernsehen gibt es eine halbe Stunde an Schultagen und eine Stunde am Wochenende. Das führt immer zu heftigen Diskussionen, und es ist nicht leicht, sich durchzusetzen.

WÜNSCHE **Markus:** Einen Alfa Romeo PT junior, Baujahr 1963, finden!

Clementine & Marcus nebst Gitarre in ihrem gemeinsamen Atelier

Marcus konzipiert in Form und Klang ganz außergewöhnliche Gitarren. Außerdem schreibt er Erzählungen. Clementine ist Künstlerin. Sie bildhauert, zeichnet und fotografiert.

Gÿs (14) als holländischer Fußballfan

Er schaut sich alle Fußballspiele an, spielt Gitarre und amüsiert sich an seiner Wii-Spielkonsole.

EU
Gÿs (14): Zwischen den Staaten in West und Ost sind die Unterschiede zu groß. Das bereitet Probleme in wirtschaftlicher Hinsicht.
Marcus: Die EU sollte einheitlicher sein. Wir könnten uns an den Amerikanern ein Beispiel nehmen und uns stärker nach Osten orientieren.

JMWELTSCHUTZ
Gÿs: Ich bin Vegetarier; statt ein Bad zu nehmen, dusche ich. Außerdem haben wir schon ein Auto mit Hybridmotor.
Marcus: Ich benutze Holz, das chemisch nicht behandelt wurde, sowie natürlichen Firnis.

ELTERN
Gÿs: Meine Freunde erhalten bis zu 50 Euro Taschengeld, ich selbst 15. Aber mir reicht das. Ich glaube, dass das besser für meine Erziehung ist. Nur eines ärgert mich: Ich muss so früh zu Bett gehen!

WÜNSCHE
Gÿs: Hoffentlich bleibe ich nicht sitzen!
Clementine: Öfter Ausstellungen meiner Werke haben.
Marcus: Ein berühmter Schriftsteller sein.

MEINE MUTTER IST
WUNDERBAR:
SIE VERHÄLT SICH
WIE EINE
JUGENDLICHE!

Saoirse (14), SPANIEN

Jordi & Lisa / Josep (5), Jana (2), Saoirse (14) / SPANIEN – Rabos

Zafra & Anette / Ella (12), Jamo (15) / DEUTSCHLAND – Hamburg

Auli & Tapani

mit ihren Motorrädern.

Auli leitet eine Firma für Kommunikationstechnik (TIC). Tapani arbeitet in einer Firma, die meteorologische Instrumente herstellt. Er ist ausgebildeter Maschinenbauingenieur, daher kümmert er sich um die Wartung ihrer Motorräder. Jedes Jahr fahren die beiden zu Motorradfahrertreffen in ganz Europa.

Roope (17) und Reetta (14)

mit ihrem neuen Kleid für das nächste Tanzturnier.

Roope ist an einem Sportgymnasium. Sein Wettkampfsport ist das Tanzen, das er schon seit seinem neunten Lebensjahr praktiziert. Beide Geschwister trainieren in einem Tanzsportverein und nehmen an internationalen Turnieren teil. Aus Zeitmangel haben sie den finnischen Nationalsport Eishockey aufgegeben.

2020
Reetta (14): Zahnärztin werden.
Roope (17): Irgendeinen Beruf mit Chemie und Mathe, das sind meine Lieblingsfächer.

EU
Roope: Insgesamt hat das mehr positive als negative Seiten, selbst bei den heutigen Problemen mit Griechenland.
Tapani: Ich war skeptisch, als Finnland der EU beigetreten ist, und bin es immer noch.
Auli: Der Preis für eine Tasse Kaffee an der Theke ist bei der Euroeinführung unverschämt gestiegen! (Die Finnen sind die größten Kaffeetrinker in Europa: jährlich 11,6 Kilo pro Person.)

UMWELTSCHUTZ
Roope: Man müsste mehr dafür tun, aber ich weiß nicht so recht, wie. Außer Plastik geben wir nicht viel in die Wiederverwertung.
Auli: Wir als Familie könnten mehr tun. Wir könnten einen Kompost einrichten. Aber auf meinen Wäschetrockner verzichte ich nicht, von ihm hängt mein Überleben ab!

ELTERN
Roope: Es gibt gute und schlechte Zeiten, aber die Reisen mit meinen Eltern sind einfach klasse.

WÜNSCHE
Auli: Dieses Wochenende im Lotto gewinnen!
Tapani: Endlich mit der Renovierung des Hauses fertig sein.

»Mein Wunsch: die Zeit um fünf oder sechs Jahre zurückdrehen. Damals habe ich mehr Zeit mit meinen Eltern verbracht. Das fehlt mir heute.« Reetta (14)

Egils & Ilze

Ilze arbeitet in der Verwaltung der Nationaloper in Riga. Ihre Hobbys: Schwimmen und Country-Dance. Egils ist Schreiner. In seiner Freizeit geht er gerne angeln.

Linda (20) und Inga (17)

in ihrem Zimmer, das sie gerade renovieren.
Inga ist Gymnasiastin, spielt Gitarre und Klavier und singt gerne. Linda studiert Pädagogik, arbeitet halbtags in einer Kindertagesstätte und schreibt Gedichte. Nächstes Jahr wird sie im Rahmen des Erasmus-Programms in Dänemark studieren. Beide bekennen sich zum »Laster« des Shisharauchens.

2020 **Inga (17):** Ich bin dann Ärztin oder Musikerin und lebe in einem Land, in dem es wärmer ist, zum Beispiel in Spanien.

Linda (20): Erst möchte ich reisen (am liebsten nach Australien) und dann heiraten. Doch noch wichtiger ist mir die Arbeit mit Kindern. Die Kindheit ist das Lebensalter, in dem der Mensch noch nicht von Regeln und Codes geprägt ist. Das finde ich faszinierend.

Ilze: Reisen, wenn wir das Geld dazu haben!

Egils: Ich bin dann in Rente, arbeite nicht mehr für andere und kann endlich mein eigenes Haus bauen.

EU **Linda:** Die EU hat ein großes Kulturzentrum in Riga bauen lassen, wo kulturelle Angebote für Jugendliche gemacht werden. Im gleichen Geist würde ich gerne eine europäische Schule für Kinder eröffnen.

Ilze: Wegen der hohen Produktionskosten haben zwei große Unternehmen, darunter eine Zuckerraffinerie, schließen müssen. Viele Bauern hier im Land sind arbeitslos geworden, weil es billiger ist, Zucker aus der Europäischen Union zu importieren.

UMWELTSCHUTZ **Ilze:** Im Sommer zelten wir an einem See. Zehn Tage lang leben wir in der Natur fern aller Zivilisation und ohne Umweltverschmutzung. Wir machen ein Feuer, fangen Fische und sammeln Beeren. Das ist wie im Paradies.

ELTERN **Inga:** Mit meiner Mutter verstehe ich mich gut, aber nicht mit meinem Vater. Es heißt, ich könne kein gutes Verhältnis zu ihm haben, weil ich ihm zu ähnlich sei.

Linda: Wir haben unser Haus verkaufen müssen, jetzt wohnen wir zu viert in zwei Zimmern, das geht nicht ohne Reibungen. Mein Vater nimmt diese Situation sehr schwer, und darunter leidet das ganze Familienleben.

KINDER **Egils:** Inga hat den gleichen Charakter wie ich, sie wird einmal eine starke, unabhängige Frau sein.

Ilze: Linda hat eine feine Persönlichkeit, sie ist uns sehr verbunden.

WÜNSCHE **Inga:** Ich träume davon, dass ich von meiner Krankheit (eine seltene Form der Arthritis, die auf den ganzen Körper übergreift) geheilt werde und dass ich dann Menschen mit dem gleichen Leiden helfen kann.

Linda: Ich würde gerne etwas Großes im Leben leisten.

UMWELTSCHUTZ

»Ich wäre bereit, auf Deo- und Haarspray zu verzichten.« Linda (20)

Maria hat auch ein Talent als Innenausstatterin

Maria ist seit zwölf Jahren geschieden. Sie arbeitet als Köchin in einem kleinen Restaurant. Sie schneidert ihre Kleidung selber und stellt Dekosachen aus Recyclingstoffen her. Sie würde gerne auf Reisen gehen und andere Kochkulturen kennenlernen, wie etwa die holländische.

Spyridoula (14) und Jim (12)

Spyridoula träumt davon, Schauspielerin zu werden. Sie tanzt und singt. Sie würde gerne nach Patras, einer Stadt an der Küste, ziehen, wo ihr Vater lebt. Jim hat mit drei Jahren das Motocrossfahren von seinem Vater gelernt. Er hat schon an vielen Rennen teilgenommen und hat vor, Weltmeister zu werden.

DEUTSCHLAND – Bergisch-Gladbach

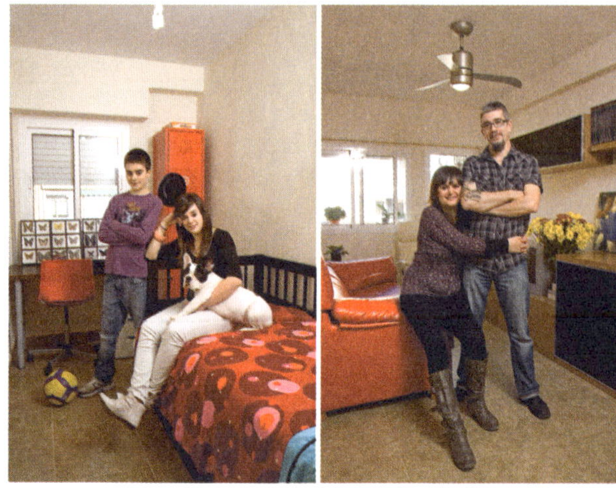

SPANIEN – Murcia

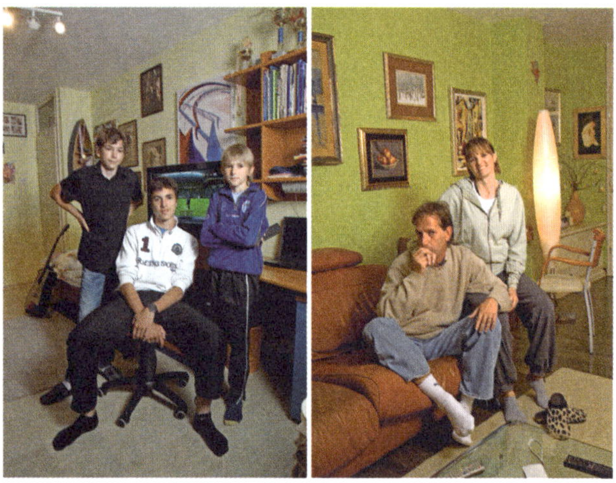

KROATIEN – Zagreb

PORTUGAL – Olivais

POLEN – Szczawnica

SERBIEN – Belgrad

KROATIEN – Zagreb

SPANIEN – Rabos

PORTUGAL – Ericeira

UKRAINE – Kosiv

LETTLAND – Ikskiles

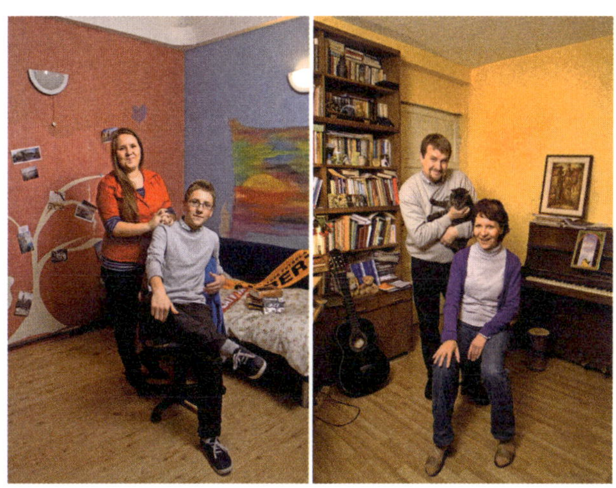

LETTLAND – Riga Bergi

»Jugendliche glauben immer an die große Liebe !«

Janet & Colin mit einem kleinen Teil ihrer Herde

Janet und Colin leben mit 800 Schafen mitten in einem Nationalpark in Wales. Colin dressiert seine Hütehunde selbst. Mit ihrer Hilfe hat er ein paar Schafe für das Foto zusammengetrieben.

Anwen (20) und Bronwen (18) mit Bronwens Kleid für den Abschlussball

Bronwen möchte ein Wirtschaftsstudium beginnen. Über den Sommer arbeitet sie als Bademeisterin. Anwen hat einen Abschluss als Sportlehrerin. Beide sind Mitglied des »Klubs der jungen Landwirte«.

2020 **Colin:** Ich stehe morgens auf und mache die Arbeit, zu der ich gerade Lust habe – das wäre schön.

EU **Anwen (20):** Mit der EU kenne ich mich nicht aus.
Bronwen (18): Ich fühle mich mehr als Engländerin, nicht als Europäerin.
Colin: Die EU hat ihre guten und schlechten Seiten. Wir müssen uns mit vielen neuen Vorschriften herumschlagen, das macht uns das Leben nicht leichter. Allein schon die Markierung der Schafe zur Rückverfolgbarkeit ist mit viel Papierkram verbunden.

UMWELTSCHUTZ **Janet:** Wir bringen unsere Abfälle einmal in der Woche zum Wertstoffhof.
Colin: Wir leben in einem Naturreservat, also in einer ökologisch sensiblen Zone. Wir müssen die Umwelt so intakt wie möglich erhalten. Die Schafzucht ist genau reglementiert.

ELTERN **Bronwen:** Ich halte mich an bestimmte Regeln, damit meine Eltern nicht enttäuscht sind.
Anwen: Ich helfe meinen Eltern gerne im Frühjahr, wenn die Lämmer geboren werden. Jedes Jahr im März kommen auf dem Hof 500 Lämmer zur Welt, und wir müssen uns um sie und ihre Mütter kümmern.

KINDER **Janet:** Wir leben hier weit ab vom Schuss, das ist für Jugendliche nicht immer leicht.

WÜNSCHE **Janet und Colin:** Besitzer eines eigenen Hofes werden. Hier sind wir nur Pächter, dieser Hof gehört der staatlichen Gewässerverwaltung.

Marina (14) und Nikoleta (12) vor ihrer Modetrend-Tafel

Marina geht auf die Gesamtschule und spielt Klavier. Nikoleta spielt Geige und ist ein Filmfan. Sie gehen oft mit ihren Eltern in der Hauptstadt ins Kino.

Nikolai & Maja in ihrem Wohnzimmer, das einer Kunstgalerie gleicht

Nikolai ist ausgebildeter Ingenieur und arbeitet jetzt als Verleger und Kunstsammler. Er besaß eine Galerie für zeitgenössische Kunst mit Werken montenegrinischer Künstler. Maja arbeitet auf dem Kulturamt des Rathauses.

2020 **Nikoleta (12):** Ich würde gerne in den Vereinigten Staaten als Regisseurin Horrorfilme, Science-Fiction-Filme oder Komödien drehen.

Marina (14): Ich bin dann Schauspielerin und habe eine Familie mit sechs Kindern. Ich bleibe in Montenegro, mein Heimatland verlasse ich nie.

EU **Nikolai:** Überall sollen die gleichen Rechte gelten. Die EU kann uns dabei behilflich sein, unsere Rechte denen anderer Länder anzugleichen.

MWELTSCHUTZ **Nikoleta:** Die Wiederverwertung ist notwendig, aber hier ist niemand daran gewöhnt. Der Staatspräsident von Montenegro müsste mehr dafür tun.

Marina: In unserer Schule gibt es bestimmte Tage, an denen wir die beiden öffentlichen Parkanlagen der Stadt reinigen, und einen Tag für das Pflanzen von Bäumen.

Maja: Die Stadtverwaltung hat jetzt Geldmittel für eine bessere Abfallbeseitigung zur Verfügung gestellt.

ELTERN **Marina:** Meine Mutter ist lustig und hilft mir viel. Aufgrund des Altersunterschieds versteht sie aber nicht immer die Lebensweise junger Leute von heute.

KINDER **Maja:** Wir haben ein sehr enges Verhältnis, aber zwischen Mutter und Tochter gibt es dennoch keine Kumpanei. Jeder kennt seine Rolle. Marina hat einen starken Charakter und setzt oft ihre Meinung durch. Nikoleta ist flexibler.

Ana & Marco-Paulo

im Billardzimmer, wo sie sich am liebsten aufhalten. Ana war früher Journalistin, hat aber ihre eigene Public-Relations-Agentur eröffnet. Sie kocht und strickt gerne und bastelt Schmuck aus Fimo. Marco-Paulo arbeitet in einer Brauerei in der Qualitätskontrolle und Maschinenwartung.

Filipe (14) und Joao (14)

sind Zwillinge. Filipe spielt Fußball und mag Computerspiele. Joao baut mit seinen Freunden lieber Hütten im Wald. Sie haben nicht viel Freizeit, denn der Weg in die Schule ist sehr weit.

2020

Filipe (14): Ich studiere Bildende Kunst. Vielleicht habe ich dann eine Familie und, wer weiß, Zwillinge ...

Joao (14): Nach dem Abi gehe ich auf die Militärschule und werde Hightech-Ingenieur. Ich werde in London, in den USA oder in Norwegen leben, Norwegen ist ein hochentwickeltes Land.

Ana: Wir werden hier bleiben, wir haben das Haus für unser ganzes Leben gebaut. Ich träume von einer Agentur mit mehr Personal, damit ich mehr Freizeit hätte.

UMWELTSCHUTZ

Filipe: Seit dem siebten Lebensjahr hat uns die Schule auf den Umweltschutz aufmerksam gemacht. Aber Lust auf Mülltrennung habe ich trotzdem nicht.

Joao: Ich finde es besonders unökologisch, dass Bäume gefällt werden.

Ana: Ich weiß Bescheid über die Probleme des Umweltschutzes, über die Initiativen der Grünen ... Aber ich beteilige mich nicht. Ich betreibe kein Recycling, wir haben auch keine extra Mülltonnen. Joao drängt uns, mehr zu tun.

Marco-Paulo: Ich habe alle Glühbirnen im Haus ausgetauscht, um zu sparen. Wir haben auch einen Sonnenkollektor für die Warmwasserbereitung. Als Nächstes werde ich größere Kollektoren installieren, damit wir unseren Bedarf an Strom selbst produzieren.

EU

Ana: Portugal ist der Entwicklung der anderen europäischen Staaten hinterhergehinkt. Die EU hat uns die Möglichkeit zur Entwicklung gegeben, wir haben Fördergelder für Verkehrsprojekte bekommen. Unsere Landwirtschaft hat dagegen vom gemeinsamen Agrarmarkt nicht profitiert: Unsere Bauern werden jetzt dafür bezahlt, dass sie nichts anbauen, sie dürfen ihre Äpfel nicht exportieren, weil sie nicht der Normgröße entsprechen. Und die Fischer dürfen bestimmte Fische nicht verkaufen, weil sie zu den geschützten Arten gehören ...

ELTERN

Filipe: Ich mag es, mit meinem Vater zum Angeln aufs Meer zu fahren.

Joao: Meine Mutter begleitet uns überallhin, sie ist sehr jung im Kopf, ich spreche viel mit ihr. Wenn ich einmal Vater sein sollte, dann würde ich meinen Kindern mehr Freiheit lassen.

WÜNSCHE

Ana: Ich wünschte, der Tag hätte 48 Stunden!

»Mich stört bei meinem Vater, dass er die ganze Zeit englisch singt, obwohl er kein Englisch spricht!« Filipe (14)

Marek & Eva haben es sich samt Hund auf ihrem Lieblingssofa gemütlich gemacht

Eva ist Krankenschwester, Marek Gärtner im Zoo von Pilsen. Beide sind große Kinofans. »Gemeinsame Familienausflüge werden jetzt schwierig, weil die Kinder ihren eigenen Spaß haben wollen. Ich wäre gerne ein Freund für Eliska, aber für sie bin ich doch ihr Vater.«

Eliska (13) und Nikulas (12)

Eliska möchte entweder Schauspielerin oder Krankenschwester werden. »Meine Mutter lacht immer, sie hat viel Humor. Mein Vater lacht auch, außer wir streiten uns. Dann kann er richtig wütend werden. Wir haben nicht den gleichen Musik- und Literaturgeschmack. Da geraten wir schon mal aneinander.« Nikulas mag Schlangen, außerdem spielt er Unihockey.

Lubica & Stanislav

Stanislav wird von Lubica liebevoll gestreichelt.
Stanislav ist Programmierer. Lubica arbeitet in einer Firma, die berühmt ist für die Herstellung von Miniatur-Rennwagen, die in die ganze Welt exportiert werden. Für die mit Motor und Fernsteuerung ausgerüsteten Autos gibt es eigene Weltmeisterschaften. Lubica nimmt an diesen Wettbewerben nicht teil, denn ihre Aufgabe ist die Verpackung dieser kostbaren Spielzeuge.

Tom (21) und Nicola (19)

Tom lässt sich von seiner Ratte kitzeln!
Nicola beginnt ihr Managementstudium an der Universität von Trenčin. Alle Vorlesungen werden auf Englisch gehalten. Tom studiert Naturwissenschaft und neue Technologien. Er spielt Badminton, ein in der Slowakei sehr populärer Sport.

2020 **Nicola (19):** Ich werde vor allem reisen. Ich will nur ein Kind haben, aber nicht vor meinem 30. Lebensjahr.
Tom (21): Ich arbeite dann in der Informatikbranche, habe eine gute Stelle oder meine eigene Firma. Die Vorstellung, eine Familie mit drei oder vier Kindern zu haben, gefällt mir; manches geht dann einfacher als mit zwei Kindern, die sich unaufhörlich streiten, so wie meine Schwester und ich.
Stanislav: Wir werden reisen, wenn die Kinder aus dem Haus sind.

UMWELTSCHUTZ **Tom:** Wir müssen statt Metall mehr alternative Materialien verwenden und auch die Sonnenenergie, aber das ist nicht immer möglich.
Stanislav: In unserem Unternehmen gibt es ganz klare Vorschriften für den Umweltschutz, vor allem im Hinblick auf die Verschmutzung des Grundwassers.
Stanislav: Die EU hilft uns bei der Entwicklung unserer Wirtschaft und Infrastruktur, aber jetzt machen uns die Ereignisse in Griechenland große Sorgen.

ELTERN **Nicola:** Einen so perfekten Ehemann wie meinen Vater werde ich wohl kaum finden.
Tom: Uns stehen mehr Möglichkeiten offen als der Elterngeneration; ich bin voller Pläne für die Zukunft, man muss hart arbeiten und kann dann erfolgreicher sein als unsere Eltern.

WÜNSCHE **Tom:** Ich möchte einen interessanten Tag erleben, meine Freunde besuchen und mit einem Lächeln schlafen gehen.
Nicola: Ich möchte dem Mann meines Lebens begegnen.
Stanislav: Ein perfektes Foto von uns!

»Seit Sloweniens Beitritt zur EU hat sich sehr viel verändert, aber immer wird es Regelungen geben, die einigen Ländern nicht passen; allen kann man es nicht recht machen.« Tom (21)

Njeri & Werner,

im Leben getrennt, für das Foto wieder vereint.
Werner ist Elektrotechnik-Ingenieur und arbeitet als Berater im Ausland. Njeri stammt aus Kenia. Als ausgebildete Wirtschaftsfachfrau hat sie eine kleine Firma gegründet (Hot Pot), die Suppen in Konserven anbietet. Sie leitet auch Seminare und berät Migranten im Rahmen der Ausländerhilfe.

Felix (21) und Imani (14)

beim Aufräumen!
Imani geht aufs Gymnasium. Sie spielt Klavier und Querflöte, macht Babysitting, kann Erste Hilfe in der Schule leisten und macht in ihrem Labor daheim Chemieexperimente. Felix studiert Maschinenbau, ist Mitglied der freiwilligen Feuerwehr und gehört einer schlagenden Studentenverbindung an.

2020
Imani (14): Ich werde Biochemie studieren und dann als Ingenieurin in Großbritannien oder den USA arbeiten.
Felix (21): Ich bleibe in der Region und arbeite in der Automobilindustrie.
Njeri: Die Kinder werden aus dem Haus sein, dann kann ich öfter zwischen hier und Kenia pendeln. Meine Firma »Hot Pot« wird bis dahin hoffentlich ein richtig großer Betrieb sein, den ich verkaufen könnte. Dann gehe ich vielleicht in die Politik und werde, wer weiß, Bundeskanzlerin!

UMWELTSCHUTZ
Imani: Mich empören besonders die Unternehmen, die die Flüsse verschmutzen.
Felix: Deutschland will die Atomkraftwerke abschalten und dafür Kohlekraftwerke bauen. Das ist doch Unsinn.
Werner: Elektroautos sind schön und gut, aber wenn der Strom für die Batterien aus Kohlekraftwerken stammt, dann ist die Umweltbelastung genauso groß wie bei einem herkömmlichen Auto. Man sollte einige tausend Hektar Land in der Sahara kaufen und dort Solarkraftwerke errichten.
Njeri: Wir sollten weniger Abfall produzieren, statt auf Wiederverwertung zu setzen. Die Wiederverwertung ist nur ein Alibi, der Abfall verschwindet nicht aus der Welt.

EU
Felix: Dieser gewaltige Raum, in dem Menschen und Waren frei zirkulieren können, ist schon ein tolles Modell. In der europäischen Politik bleibt noch viel zu tun, aber wir sollten die Entwicklung in dieser Richtung fortsetzen.
Njeri: Nicht nur Europa, die ganze Welt sollte zusammenwachsen.
Werner: Mit den großen Staaten wie China, Russland, Indien können wir uns nicht »schlagen«, deshalb müssen wir mehr dafür tun, dass die EU einig und stark wird.

ELTERN
Felix und Imani: Wir haben eine hervorragende Erziehung genossen und werden es später wie unsere Eltern machen!

KINDER
Njeri: Wenn ich es mit meiner Jugendzeit vergleiche, ist der Umgang mit ihnen leicht. Mich hält es jung, an der Welt der Jugendlichen teilzuhaben, zumal, da ich aus einer ganz anderen Kultur komme.
Werner: Das letzte echte Abenteuer auf dieser Welt besteht darin, unsere Kinder großzuziehen.

WÜNSCHE
Felix: Weniger Lügen in der Politik.
Imani: Einen richtigen Flügel.
Njeri: Weniger Armut auf der Erde und mehr Trinkwasser.
Werner: Etwas mehr Bescheidenheit und weniger Egoismus in der ganzen Welt.

»Ich weiß nicht, ob die Abfallverwertung wirklich so effizient ist, wie behauptet wird, aber Wiederverwertung gehört zum nachhaltigen Wirtschaften!« Felix (21)

IM JAHR 2020 WERDE ICH AUF **DEM LAND** WOHNEN, **DAMIT MEINE KINDER WISSEN**, WIE EINE **KUH** AUSSIEHT.

Sarah (19), DEUTSCHLAND

Cosimo (17) / Alesandro & Elisabetta / ITALIEN – Florenz

Markus & Gudrun / Sarah (19), Moritz (17) / DEUTSCHLAND – Bergisch-Gladbach

Thomas & Meike mit einer gerade eingetroffenen Löwenfamilie ...
Meike arbeitet als freiberufliche Journalistin und Publizistin. Ihr Sternzeichen ist Löwe. Die Raubkatzen geben ihr Seelenstärke. Sie ist aber keine Jägerin, diese Löwenfamilie stammt von einer Auktion. Thomas ist Geschäftsführer eines großen Zirkusunternehmens.

Florian (18) und Marie (15) mit einer echten Katze

Marie ist Gymnasiastin, fotografiert gerne und mag den Zirkus und das Kabarett. Florian wird nach seinem sozialen Jahr in Spanien ein Jurastudium beginnen. Er will einmal Wirtschaftsjurist werden. Er arbeitet ehrenamtlich in einer Behindertenwerkstatt.

Florian (18), Marie (15)
Thomas & Meike

»Die Erde hat uns so viel gegeben, da wird es Zeit, dass wir ihr etwas zurückgeben. Die Wissenschaftler sollten Lösungen finden, damit wir in Harmonie leben können.«
Marie (15)

2020 **Marie (15):** Ich werde wie mein Vater als Eventmanager für einen Zirkus oder ein Kabarett arbeiten, entweder in England oder in den USA.

Florian (18): Ich bin dann mit dem Studium fertig und hoffe, eine Arbeit zu finden und mir eine schöne Wohnung leisten zu können.

Thomas: Früher wohnte die ganze Familie in einem Wohnwagen und ging mit dem Zirkus auf Tournee. Als die Kinder in die Schule kamen, wurden wir sesshaft. Ich habe Meike vorgeschlagen, das Nomadenleben wieder aufzunehmen, wenn die Kinder aus dem Haus sind … Aber sie hat nur erwidert: »Dann lasse ich mich scheiden!«

Meike: Wir würden gerne in Düsseldorf leben, eine quirlige Stadt, in der viel los ist.

UMWELTSCHUTZ **Florian:** Die Vorstellung, ein sauberes Auto zu fahren, gefällt mir. Aber alle Glühbirnen im Haus austauschen zu müssen, finde ich übertrieben.

Meike: Das ist wie bei Krebs. Man bemerkt es nicht, solange man keine Schmerzen hat. Solange die Menschheit nicht darunter leidet, steht niemand auf und ruft: »Jetzt reicht es. Wir müssen etwas tun!«

Thomas: Zirkus ist ein Freizeitvergnügen, das die Umwelt nicht verschmutzt und auf ganz einfache Weise Freude bereitet.

EU **Florian:** Das Wichtigste ist, zwischen den Staaten Verbindungen zu schaffen. Davon abgesehen, kann jedes Land seine Kultur und seine Bräuche weiter pflegen.

Meike: Ich finde es schade, dass das Landestypische verloren geht. Überall bekommt man die gleichen Produkte, das ist schon sehr traurig …

ELTERN **Florian:** Ich bin sehr zufrieden. Wenn ich die Familien meiner Freunde betrachte, sage ich mir immer, dass ich eine gute Erziehung genossen und Sinn für Moral mitbekommen habe.

KINDER **Thomas:** Jedes Lebensalter hat seinen Reiz … Aber mit einer pubertierenden Tochter ist das nicht so leicht.

Meike: Es braucht viel Verständnis und Liebe. Ein Mädchen in der Pubertät zu haben ist nicht so einfach. Mit meinem Sohn war das ganz anders.

WÜNSCHE **Thomas:** Unser Zirkus in Paris unter dem Eiffelturm!

Cem & Aysim

Aysim ist pädagogische Beraterin und Leiterin in zwei privaten Kindertagesstätten. Ihre Hobbys sind Tennis, Zeichnen, Bildhauerei und Glasblasen. Cem ist Bauingenieur. Er spielt in der Tennis-Nationalauswahl der Senioren und sammelt archäologische Fundstücke.

Ece (17)

beim Vorbereiten des Abendessens.
Ece geht auf ein Privatgymnasium auf der asiatischen Seite von Istanbul. Sie hofft, einmal an einer Universität zu studieren, die Austauschprogramme mit Universitäten im Ausland anbietet. Sie liest gerne und geht viel mit ihren Freundinnen aus.

2020 **Ece (17):** Ich könnte mir drei Berufe vorstellen: Illustratorin für eine Frauenzeitschrift, Chefköchin oder Psychologin. Ich bin mir nicht sicher, ob ich heiraten will, aber ich liebe Kinder und werde drei Söhne haben!

Cem: Wir werden vielleicht am Meer wohnen, in Marmara, wo wir schon heute ein Häuschen und ein Boot besitzen.

Aysim: Ich werde den Kontakt zu meinem Beruf wahren und Bücher über die Entwicklung und Erziehung von Kindern schreiben.

UMWELTSCHUTZ **Ece:** Ich bin in einer Vorbereitungsgruppe der MUN-Konferenz (Model United Nations). Dabei werden Debatten über internationale Beziehungen simuliert. Die Natur ist sehr wichtig für mich, deshalb unterstütze ich Greenpeace mit einer monatlichen Spende und trete bei, sobald ich volljährig bin.

Aysim: Umweltschäden sieht man überall. Die Gefahr besteht, dass unser Land, vor allem Anatolien, in 25 oder 30 Jahren zu einer Wüste wird. Auch findet keine Geburtenkontrolle statt: Die Bevölkerung wird sehr stark anwachsen, aber uns fehlen die Mittel für Bildung und Erziehung. Das ist auch ein ökologisches Problem.

EU **Ece:** Mir wäre es sehr recht, wenn die Türkei Mitglied der EU würde, aber ich glaube nicht, dass sie aufgenommen wird. Der Islam macht Angst, das wird sich nicht ändern. Der Islam ist meine Religion wie für alle Türken, aber ich bin nicht praktizierend.

Aysim: Würde sich die Türkei anstrengen, Mitglied der EU zu werden, wäre das sehr gut, denn dann müsste der Staat die Gesetzgebung ändern und die Menschenrechte stärken. Als Europäerin würde ich die Türkei nicht aufnehmen. 55 Prozent der Bevölkerung sind unter 25 Jahre alt, da hätte ich die Befürchtung, dass all diese jungen Leute in die EU strömen und zu Billiglöhnen jede Arbeit annehmen. Als Nicht-Europäerin ärgere ich mich über die Schwierigkeiten, ein Visum zu erhalten.

ELTERN **Ece:** Meine Mutter ist meine beste Freundin. Mein Vater ist fast wie ein Kind, das man schwer im Zaum halten kann, aber er ist sehr witzig. Meine Eltern haben volles Vertrauen zu mir.

KINDER **Aysim:** Ich gebe die Werte der Familie an sie weiter, aber sie darf frei wählen.

Cem: Meine Frau ist Kinderpsychologin, ich habe volles Vertrauen zu ihr!

WÜNSCHE **Ece:** Einmal eine junge Mutter sein und genug Geld verdienen, um eine Weltreise zu machen.

Aysim: Ich träume davon, eine junge Großmutter zu sein.

»Ich werde keine typische türkische Mutter sein. Ich lasse meinen Kindern die Freiheit, Dinge zu tun, die mir in ihrem Alter nicht erlaubt waren.«
Ece (17)

Ahmed & Marcelle

in ihrer kleinen Büroecke.
Marcelle hat früher als Heilpädagogin mit behinderten Kindern gearbeitet. Jetzt hat sie ein politwissenschaftliches Studium begonnen.
Ahmed hat drei Berufe: Pastor, Anwalt und Leiter eines Flüchtlingszentrums. Er kümmert sich um afrikanische Migranten aus Tunesien und Libyen. Ursprünglich aus Ghana, lebt er schon seit 20 Jahren auf Malta.

Naomi (14), Jasmine (13) und Ezehiel (9),

das Familienorchester im Flur des Hauses.
Naomi tanzt und singt. Tags zuvor hat sie für die Eurovision vorgesungen und wartet gespannt auf das Ergebnis. Jasmine spielt Geige und treibt Sport.

2020 **Naomi (14):** Ich würde gerne Journalistin werden, aber mein Vater sähe mich lieber als Anwältin. Warten wir es ab ...
Jasmine (13): Ich bin dann Innenausstatterin, habe drei Kinder und lebe in Deutschland.
Ahmed: Meine Kinder werden erwachsen sein, wunderbar!

UMWELTSCHUTZ **Naomi und Jasmine:** Bei uns gibt es Gruppen, in denen darüber nachgedacht wird, wie man die Leute für Wiederverwertung und Umweltschutz gewinnen kann. Wir veranstalten einen »Green Day«, an dem sich alle grün anziehen, Bäume pflanzen und Müll einsammeln. Das Video kann man sich auf der Website der Schule anschauen.
Naomi: Auf Malta ist die ganze Landschaft mit Abfall verschandelt. Ab und zu kommen Leute und sammeln den Müll ein, aber schon in der Woche darauf ist alles wieder mit Abfall übersät.

EU **Naomi:** Wir sind seit 2004 in der EU, seither ist das Reisen viel einfacher geworden, vor allem aber ist alles billiger als vorher. Das ist ein großer Vorteil für uns.
Marcelle: Wir freuen uns, Mitglied der EU zu sein, wenn wir Subventionen erhalten, aber nicht, wenn wir uns an der Hilfe für Länder in Not beteiligen sollen.
Ahmed: Für die Jungen bietet die EU viele Vorteile, aber für die Alten, die noch die Zeit der Besetzung durch die Briten gekannt und für die Unabhängigkeit gekämpft haben, ist das eine bittere Pille. Malta ist nicht europäisch, weder im Geist noch im Erscheinungsbild, aber es ist immer nach Europa gerichtet. Die Malteser sind weder Araber noch Afrikaner.

ELTERN **Naomi:** Meine Eltern unterscheiden sich sehr in ihrem Verhalten. Wenn wir etwas wollen, schreit meine Mutter gleich und regt sich auf, während mein Vater ganz schlau erwidert: »Wenn ihr das und das tut, würdet ihr mich sehr enttäuschen ...« Wir fühlen uns dann schuldig und verlegen. Das funktioniert immer.
Jasmine: Ich werde meinen eigenen Kindern mehr Entscheidungsfreiheit lassen, dann können sie auch die Konsequenzen sehen.

WÜNSCHE **Naomi:** Als Journalistin oder Anwältin kann ich Missstände ändern und den Menschen helfen. Ehe ich sterbe, kann ich hoffentlich zufrieden auf alles zurückschauen, was ich getan habe.
Jasmine: Eine gute Mutter sein.
Ahmed: Ich bin restlos zufrieden, ich schöpfe aus dem Vollen.

»Im Jahr 2020 will ich nicht mehr auf Malta sein, das ist hier alles zu eng. Ich bin sehr fleißig in der Schule, um ein Stipendium zu bekommen.« Naomi (14)

Marge ist stolze Besitzerin von 13 Schafen und einem Motorradgespann

Marge ist arbeitslos. Sie putzt die Fische, die ihr Bruder fängt; außerdem strickt und webt sie (Strümpfe und Röcke) nach alter estnischer Tradition. Die Männer auf der Insel gehen entweder auf Fischfang, oder sie arbeiten im Ausland, daher benutzt Marge wie die meisten Frauen hier ein Motorrad für die täglichen Besorgungen.

Aliis (15) bei der Gartenarbeit

Aliis geht in die Gemeinschaftsschule der Insel. Im nächsten Jahr wechselt sie aufs Gymnasium in Pärnu. Sie bolzt in einer gemischten Fußballmannschaft (es fehlen männliche Spieler) und spielt Akkordeon. »Ich helfe meiner Mutter beim Flicken der Netze und hüte die Schafe.«

Antonio-José & Ana-Margarida, man beachte die ökologische Botschaft auf Antonios T-Shirt

Ana-Margarida war früher Grafikerin. Heute führt sie das von ihrem Vater geerbte Restaurant. Das einzige Bioprodukt sind die Zitronen aus ihrem Garten. Antonio ist Immobilienmakler und ein großer Fan von Benfica Lissabon.

Maria (15)

Sie wollte auf der Treppe fotografiert werden, »weil mir meine Mutter heute Morgen befohlen hat, das Bett zu machen, was ich samstags sonst nicht tun muss!«

2020 **Maria (15):** Mein Traum ist es, Anwältin für Umwelt- oder Menschenrechte zu werden. Ich politisiere gerne und möchte die Welt verändern. Ich glaube, dass ich das Zeug zu einer guten Anwältin habe.

UMWELTSCHUTZ **Maria:** In der Schule ängstigt man uns mit Umweltkatastrophen, aber konkrete Lösungsvorschläge bietet man uns nicht an.

Ana-Margarida: Es macht mich wütend, wenn ich all den Müll sehe, den man von den Schiffen wirft und der dann an unserem Strand landet. Wir haben ein Haus auf einer Insel vor der Algarve. Die ersten beiden Tage unseres Aufenthalts dort verbringen wir mit Müllsammeln. Für unser Haus haben wir Küchengeräte mit niedrigem Stromverbrauch angeschafft.

EU **Ana-Margarida:** In der EU fühle ich mich sicher. Als kleines Land sind wir nun Mitglied in einem großen Klub.

ELTERN **Maria:** Mir fehlt das Mütterliche, ich mag Kinder nicht so. Aber ich möchte heiraten, und wenn mein Partner es wünscht, werden wir auch Kinder haben, weil unserem Leben sonst etwas fehlen würde. So ist nun einmal unsere Natur, wir Menschen sind dafür gemacht. Das ist kein katholischer, sondern ein wissenschaftlicher Standpunkt. Ich fürchte, keine gute Mutter zu sein. Ich bin sehr kalt, eine Mutter sollte aber warmherzig sein.

KINDER **Ana-Margarida:** Ich hoffe, dass sie im Leben die Liebe finden wird. Für mich ist es sehr wichtig, mit jemandem zusammenzuleben.

Antonio-José: Maria hat einen starken Willen und Charakter, sie will etwas im Leben erreichen.

Ceren (17) in Schuluniform
Sie bereitet sich auf die Reifeprüfung vor und möchte später in den USA Betriebswirtschaft studieren.

Gaye
Sie ist Anwältin, liebt die Literatur und surft gerne im Internet.

2020 **Ceren (17):** Ich sehe mich als Managerin im Showbusiness in Los Angeles oder als Chefin einer großen Modemarke.
Gaye: Ich würde gerne den Beruf wechseln, zum Beispiel eine Stiftung verwalten, die türkische Kinder aus armen Verhältnissen fördert und bis zu ihrem Studium begleitet.

UMWELTSCHUTZ **Ceren:** Ich würde gerne Mitglied bei Greenpeace werden. In der Schule haben wir ein »grünes Team«, das den jüngeren Schülern die Grundregeln umweltschonenden Verhaltens erklärt.
Gaye: Ich mache in der Hinsicht nicht viel, außer Spenden an verschiedene Vereine.

EU **Ceren:** Ich weiß, dass sie uns nicht als Mitglied haben will, aber die Türkei gerne beitreten würde.
Gaye: Ich ärgere mich darüber, dass sie sich gegen den Beitritt der Türkei stemmt. Ich glaube, dass wir erst in 15 Jahren dabei sein werden.

ELTERN **Ceren:** Wenn ich meine Mutter mit den Müttern meiner Freundinnen vergleiche, ist meine die beste! Sie erlaubt mir, Alkohol zu trinken, aber ich trinke nicht viel … nur einmal die Woche.

KINDER **Gaye:** Meine Tochter will in den USA studieren. Das macht mich traurig, aber ich lasse sie trotzdem gehen … Wir reden viel miteinander und schlafen auch mal im selben Bett, aber dann ist da auch noch der Hund. Dann wird es eng im Bett!

WÜNSCHE **Ceren:** Einen treuen Ehemann und respektvolle Kinder.

Gérard & Caroline,

eben aus Kapstadt angekommen.

Gérard ist Direktor bei einer großen Hotelkette und arbeitet alle zwei Jahre in einem anderen Land. Caroline, eine gebürtige Amerikanerin, ist Hausfrau.

Manon (9), Lauren (14) und Nathalie (18)

als künftige Stars.

Nathalie und Lauren gehen auf die Internationale Schule. Nathalie hat seit ihrem dritten Lebensjahr schon in sieben verschiedenen Ländern gelebt. Sie liebt Kunst, Design, Fotografie, tanzt gerne Salsa und nimmt auch an Tanzturnieren teil. Lauren singt gern, schreibt eigene Lieder und hat in Südafrika bei einer Fernsehshow à la »Superstar« mitgemacht.

2020 **Nathalie (18):** Ich werde eine ewige Nomadin bleiben. Wahrscheinlich lebe ich dann in Asien, in Hongkong, und arbeite in einer internationalen Public-Relations-Firma.

Gérard: Wir werden sehen. Spanien ist unser elftes Gastland. Alles ist möglich ...

EU **Gérard:** Einigkeit macht stark. Man muss Geduld haben und den Weg immer wieder korrigieren.

UMWELTSCHUTZ **Lauren (14):** Ich bin immer schockiert, wie viel Essen verschwendet wird. Wenn man einmal in Afrika gelebt hat, achtet man sehr darauf.

Nathalie: Ich unterstütze eine Nichtregierungsorganisation, die die Wilderei bekämpft, vor allem die Jagd auf Löwen, und die Öffentlichkeit über dieses Unwesen auf dem Laufenden hält. Ein anderer Punkt: Wir sind drei Mädchen in der Familie, und jede von uns duscht mindestens eine halbe Stunde, das ist schon übertrieben!

Gérard: In unseren Hotels laufen Maßnahmen zur Einsparung von Wasser und Strom und für mehr Wiederverwertung. In den Küchen verwenden wir immer mehr heimische Produkte, außerdem stellen wir unseren Gästen Fahrräder zur Verfügung.

Caroline: Unsere Mädchen haben in Bangkok die verheerenden Folgen der Umweltverschmutzung gesehen. Sie haben verstanden, dass man dagegen etwas unternehmen muss.

ELTERN **Lauren:** Ich habe eigentlich das Alter zum Partymachen am Wochenende, aber wenn meine Mutter nein sagt, gibt es keine Diskussion.

Nathalie: Ich schätze es sehr, dass mein Vater mich zu beruflichen Veranstaltungen mitnimmt.

KINDER **Gérard:** Ich bemühe mich vorrangig, mehr Zeit mit ihnen zu verbringen. Ich habe den Eindruck, den Kontakt zu ihnen zu verlieren, vor allem zu den beiden Großen. Jeder Jugendliche macht eine Wandlung durch. Ich gestatte ihnen einiges, aber ich verlange Rücksicht auf andere. Höflichkeit ist eine Tugend.

Caroline: Unser Leben ist schon untypisch, wir ziehen alle zwei Jahre in ein anderes Land. Für die Mädchen ist es nicht immer leicht, ihr Zuhause zu wechseln und sich von Freundinnen zu trennen, aber sie begeistern sich jedes Mal für neue Kulturen.

WÜNSCHE **Nathalie:** Karriere machen und viel Geld verdienen.

Gérard: Dass meine Kinder weiterhin Sinn für die Kunst haben. Das Schöne ist immer interessant.

Caroline: Endlich ein festes Zuhause haben.

2020

»Ich lebe dann in New York oder Los Angeles, bin im Musikgeschäft und bekomme einen Grammy verliehen!« Lauren (14)

MAMBA
RTM

IRLAND, CARLINGFORD
Eine Seeschlacht in irischen Gewässern

SPANIEN – Cabezo de Torres

RUSSLAND – Moskau

DEUTSCHLAND- Plochingen

FRANKREICH – Montreuil

TSCHECHISCHE REPUBLIK – Prag

LETTLAND – Riga

ITALIEN – Novare

FRANKREICH – Paris

PORTUGAL – Lissabon

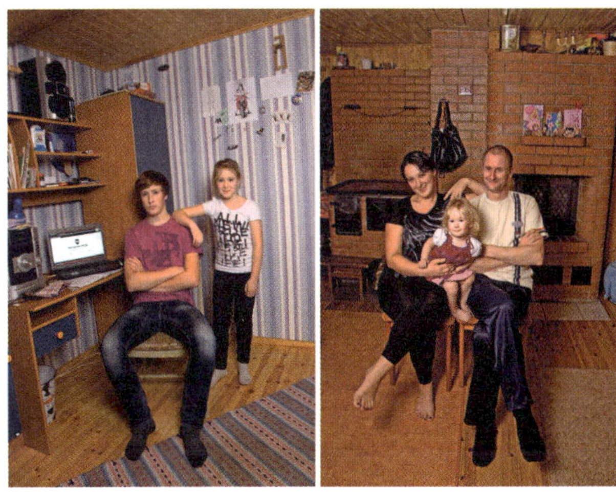

ESTLAND – Kihnu

ITALIEN – Florenz

BELGIEN – Hélécine

»Hauptsache ist doch, dass wir Jugendliche haben, die neugierig auf die Welt sind.«

Slobodan & Ljiljaha

Slobodan gehört zu den bekanntesten Schauspielern Montenegros. Er war in gut 100 Rollen am Nationaltheater zu sehen, darunter auch in der des Nationalhelden König Negusch, die er 24 Jahre lang gespielt hat. Ljiljaha arbeitet bei der Stadtverwaltung.

Danilo (25), Andjela (10) und Blagota (25)

Andjela mit einem ihrer Bilder, flankiert von ihren Zwillingsbrüdern.
Malen und Zeichnen sind wichtiger Teil von Andjelas Leben, vor kurzem hatte sie ihre erste Ausstellung in einem städtischen Kulturzentrum. Außerdem spielt sie Klavier, tanzt Ballett, macht Gymnastik. Blagota ist Europabeauftragter der Regierung. Er arbeitet auch als Journalist und Organisator von Musikfestivals und Veranstaltungen zum »Free thinking«. Danilo ist Regisseur und hat eine eigene Produktionsfirma.

2020 **Andjela (10):** Filmschauspielerin in Frankreich oder in den USA.
Ljiljaha: In unserer Datscha am Meer wohnen.
Slobodan: Ich kann das Theaterspielen nicht lassen!

EU **Ljiljaha:** Wir werden der EU demnächst beitreten!
Slobodan: Dank der EU wird Montenegro wieder das werden, was es vor 500 Jahren war, eine starke, florierende Nation. Wir sind schon heute ein demokratisches, multikulturelles Land.

UMWELTSCHUTZ **Ljiljaha:** Unsere Industrie ist nicht sehr entwickelt, es gibt kaum Umweltverschmutzung.
Slobodan: Montenegro hat fünf Nationalparks und gilt als das ökologischste Land der Erde (nach dem Gipfeltreffen von Rio hat es sich zum »ökologischen Staat« ausgerufen). Unsere Familie ist gegen Atomenergie.

ELTERN **Andjela:** Meine Mutter will immer alles wissen und stellt mir tausend Fragen ... Mein Vater hat zu viel zu tun, aber ich reise gerne mit ihm. Wenn ich einmal groß bin, möchte ich drei Kinder haben. Ich werde eine strengere Mutter sein.

WÜNSCHE **Andjela:** Einen Pudel haben.
Slobodan: Flügel haben und davonfliegen können.
Ljiljaha: Zu einer exotischen Insel reisen.

UMWELTSCHUTZ

»Ich mache mir vor allem Sorgen um die Natur, den Wald, die Tiere, die Flüsse und das Meer.« Andjela (10)

Juris & Ilona in ihrem Gewächshaus voll reifer Tomaten

Juris ist Ingenieur in der Energietechnik. Sein Hobby ist Hockey. Ilona ist Sozialarbeiterin in Riga und kümmert sich auch ehrenamtlich um Arbeitslose. Sie liebt Volkstanz und Volkslieder.

Klaus (19) und Lucja (17) vor dem Mischpult in Klaus' Zimmer
Klaus studiert in Riga und will Informatikingenieur werden. Er mag Fotografie und Video. Außerdem ist er Gitarrist in einer Hardcoreband und komponiert. Lucja studiert im ersten Jahr Innenarchitektur. Sie liebt Musik, begeistert sich für Modedesign und entwirft ihre Kleider selbst.

Klaus (19) und Lucja (17), Juris & Ilona

»Meine Freundin hat mir gerade den Laufpass gegeben, ich muss mir wohl einen neuen Look zulegen.« Klaus (19)

2020
Lucja (17): Ich gehe nach England und studiere dort weiter. Mit Ehemann und Kind.
Klaus (19): Ich sehe mich als erfolgreichen Geschäftsmann in der Internetbranche.
Ilona: Ich werde weiter Sozialarbeit machen. Ich liebe meine Heimat.
Juris: Ich werde vielleicht Großvater sein ... Zu sowjetischer Zeit war man schon mit 18 Vater oder Mutter.

EU
Klaus: Dank der EU können wir reisen, Geld verdienen und erhalten finanzielle Unterstützung bei unseren Projekten. Aber mit all den Russen in Lettland fühle ich mich nicht sehr europäisch. Wir befinden uns hier am äußersten Rand von Europa.
Juris: Die Lage der Bauern ist sehr schlecht. Die Kartoffeln, die wir essen, kommen aus Polen, obwohl wir selbst sehr gute Kartoffeln haben.
Ilona: Die EU finanziert so viele Projekte, die nicht immer sinnvoll sind. Zu mir kommen Arbeitslose, die aus verschiedenen Töpfen Unterstützung erhalten und über mehr Geld verfügen als ein Lohnarbeiter.

UMWELTSCHUTZ
Lucja: Da müsste es schon zur Katastrophe kommen, ehe ich mich dazu aufraffe.
Ilona: Für den Eigenbedarf bauen wir im Garten und Gewächshaus Kartoffeln, Kohl, Zucchini, Tomaten, Karotten an, außerdem haben wir Äpfel – alles ohne Kunstdünger. Wir kaufen nur Brot, Eier und Fleisch, die Milch bekommen wir frisch von der Kuh des Nachbarn.

ELTERN
Klaus: Mit meinen Kindern werde ich einmal strenger sein. Ich sage ihnen, was sie tun müssen, um Erfolg zu haben, und gebe ihnen die Mittel dazu.
Lucja: Meine Mutter jammert die ganze Zeit, sie gehört einer anderen Generation an. Sie ist noch unter dem Sowjetregime aufgewachsen.

KINDER
Ilona & Juris: Es ist schwer mit ihnen. Sie glauben, dass sie alles wissen, und kümmern sich um nichts. Immerhin, wenn Arbeit ansteht, kann man sich auf sie verlassen. Wenn wir im Winter Feuerholz brauchen, geht die ganze Familie in den Wald Holz schlagen.

WÜNSCHE
Klaus: Ein Star werden!
Lucja: *Make love, not war.*
Ilona: Dass sich Lettland weiterentwickelt. Dass wir ohne Stress leben können und mehr Geld verdienen.
Juris: Mit der ganzen Familie für eine Woche nach Italien verreisen.

1897.

Tom & Henriette

wollten sich wie alle Norweger in der freien Natur fotografieren lassen. Tom ist Beamter im Außenministerium und hat mit seiner Familie bereits in Südkorea und in Washington gelebt. Henriette ist Geschäftsführerin eines Unternehmens, das auf Kapitalanlagen spezialisiert ist. Sie spielt gerne Tennis, besucht Kurse für kreatives Schreiben, läuft Ski und sammelt Pilze.

Thor (15), Arthur (12) und Sigrid (17)

formieren sich als norwegische Pyramide. Sigrid meint: »Trotz meiner 17 Jahre fühle ich mich noch als Kind.« Sie reitet, ist eine echte Leseratte und engagiert sich in der Schule. Thor macht nicht viel, hin und wieder backt er Kuchen.

2020 **Sigrid (17):** Ich bin im kreativen Bereich tätig, vielleicht in den Vereinigten Staaten, wo ich schon einige Jahre gelebt habe.

Tom: Die Zukunft werde ich mit meinen Kindern als ein richtiger Verwöhnopa erleben.

UMWELTSCHUTZ **Thor (15):** Ich studiere Biotechnologie und kümmere mich um den Umweltschutz.

Sigrid: Ich könnte auf das Fernsehen verzichten, zumal es da nicht viel Interessantes gibt.

Tom: Für den Weg zum Arbeitsplatz nehme ich den Bus und den Zug. Unser nächstes Ziel ist der Kauf eines Elektroautos.

Henriette: Wir haben ein familiengerechtes Haus; es ist nicht sehr groß, und für unsere Holzheizung hole ich oft Äste aus dem Wald.

EU **Sigrid:** Wenn wir ihr beitreten, werden die anderen Länder in unseren Gewässern fischen.

Thor: Wir sind zu stolz, um Mitglied der EU zu werden.

Henriette: Ich glaube, eine Mitgliedschaft hätte schon Vorteile.

Tom: Norwegen braucht der EU nicht beizutreten, unser Land ist einfach zu reich.

ELTERN **Sigrid:** Mein Vater ist sehr lustig, und meine Mutter setzt noch um zehn Uhr abends ihre Stirnlampe auf und macht Skilanglauf.

Thor: Ich diskutiere sehr gerne mit meinem Vater, vor allem über politische Themen.

KINDER **Henriette:** Sigrid ist sehr kreativ und spontan. Alle Kinder sind sehr aufgeschlossen, und wir vertrauen uns gegenseitig.

Tom: Wir machen viele Dinge gemeinsam, und ich habe schon Angst vor dem Tag, an dem sie aus dem Haus sind.

WÜNSCHE **Sigrid:** Mein Traum war schon immer ein Bauernhaus mit Pferden, Kühen und einem Hühnerstall.

»Unsere Ölvorkommen bringen sehr viel Geld ein, aber wir wissen auch, dass es eines Tages kein Öl mehr geben wird. Wir sind daher nicht bereit, mit dem übrigen Europa zu teilen.« Sigrid (17)

WAS JUGENDLICHE MEINEN

UMWELTSCHUTZ

NIEDERLANDE

Für den Umweltschutz mache ich überhaupt nichts. **Yavid (17)**

TSCHECHISCHE REPUBLIK

Es macht mich traurig, dass viele Leute gar nicht wissen, dass sie die Umwelt verschmutzen und für den Umweltschutz wenig Interesse zeigen. Ich denke vor allem an die Verschmutzung des Wassers durch große Länder wie China und Indien.
Eliska (13)

FRANKREICH

Das ist schon sehr mühsam, aber notwendig. Man hätte schon vor hundert Jahren damit anfangen sollen, aber jetzt ist es zu spät!
Maxime (15)

DEUTSCHLAND

Die Deutschen kümmern sich nach meinem Eindruck nicht wirklich um den Umweltschutz. Sie wählen die Grünen und glauben, das reiche aus.
Moritz (17)

FRANKREICH

Ich sehe nicht recht, wie nachhaltiger Umweltschutz verwirklicht werden könnte. Ich habe eine Idee, aber sie ist vielleicht unrealistisch: Die Erde ist innerhalb unserer Galaxie ganz klein. Man müsste die gesamte Erdbevölkerung mit Raumschiffen auf einen erdähnlichen Planeten schicken!
Virgil (14)

FRANKREICH

Ein »Grüner« sein, Biokost essen: Das hört sich zunächst gut an, auf die Dauer gehen einem solche Ausdrücke auf die Nerven. Als Einzelner tue ich, was ich kann, benütze öffentliche Verkehrsmittel und trenne Müll.
Basile (15)

UKRAINE

Hätten wir Greenpeace-Aktivisten in der Ukraine, dann würde ich vielleicht mitmachen. Für Recycling gibt es Behälter, aber ich schätze, dass nur 20 Prozent der Bevölkerung sie benützen.
Bohdan (17)

FRANKREICH

Darauf achte ich nicht. Viele Leute tun ja nichts, und eine einzige Person kann nicht viel ändern.
Laëtitia (18)

ÖSTERREICH

Die Welt gehört uns nicht. Wir sind nur Durchreisende auf dieser Erde und müssen den kommenden Generationen eine saubere Umwelt hinterlassen.
Carolin (19)

FINNLAND

Ich trenne den Müll, weil meine Eltern es so wollen.
Kosti (13)

ÖSTERREICH

Ich arbeite in einer Einrichtung, bei der Leute die Sachen abgeben können, die sie nicht mehr brauchen. Sie werden sortiert, eventuell weiterverwendet oder auf einem Flohmarkt verkauft.
Elisabeth

SERBIEN

Wir würden beim Recycling gerne unseren Beitrag leisten, aber in Belgrad gibt es so etwas nicht.
Nikola

TSCHECHISCHE REPUBLIK

Früher haben wir mit Freunden zusammen in den Bergen Bäume gepflanzt. Jetzt fühle ich mich sehr ohnmächtig. Die Großunternehmen müssten nun aktiv werden, dann könnte ich mich erneut engagieren.
Marek

GRIECHENLAND

Die Bemühungen zum Schutz unserer Umwelt sind mir ein Herzensanliegen. Gott hat uns mit den folgenden Worten die Welt anvertraut: »Macht euch die Erde untertan, doch zerstört sie nicht!« Gott lieben heißt, seinen Nächsten lieben. Und die Liebe zum Nächsten besteht darin, anderen ein Leben in einer gesunden Umwelt zu ermöglichen.
Achille

ESTLAND

Das traditionelle Verkehrsmittel auf der Insel sind die Motorräder mit Beiwagen. Hauptsächlich Frauen fahren sie. Die Umwelt wird dadurch verschmutzt, aber weniger als durch Autos. Wir haben einen Gemüsegarten, Kartoffelfelder und 13 Schafe.
Mare

DÄNEMARK

Als Architekt versuche ich meine Kunden zu bewegen, mehr Geld auszugeben, damit ich umweltfreundlich bauen kann. Sie sind nicht immer dazu bereit.
Sahba

DEUTSCHLAND

In einer Predigt erwähnte ich die Suchmaschine »Ecosia«. Bei jedem Klick schützt man zwei Quadratmeter des Regenwaldes.
Andreas

SLOWAKEI

Ich leite ein privates Unternehmen zur Müllentsorgung und kann nur sagen, dass es unsinnig ist, alles wiederverwerten zu wollen. Das ist viel zu teuer.
Martin

PORTUGAL

Man versucht den Energieverbrauch zu verringern. Wir haben eine Solaranlage und einen Wassertank, der das Regenwasser unter unserem Schwimmbassin auffängt.
Joao

WAS ELTERN MEINEN

Leze & Gjergj

im Obstgarten, in dem vor allem Leze tätig ist.

Gjergj ist Gymnasiallehrer für Albanisch und betreibt Schweinemast und Hühnerhaltung. Leze kümmert sich um den Gemüsegarten mit verschiedenen Tomatensorten, mit Mais, Paprika, Kartoffeln, Äpfeln und Birnen. Während des Kosovokriegs mussten sie ihren Bauernhof verlassen und hielten sich als Flüchtlinge zwischen 1999 und 2001 in Deutschland auf.

Florian (12) und Gëzim (15)

mit einem Teil ihrer Tiere.

Gëzim geht auf die Realschule in Prizren. Er spielt Fußball, liest gerne Abenteuerromane und hilft auf dem Bauernhof mit. Florian spielt Fußball und liest gerne Comics.

2020 **Gëzim (15):** Ich studiere Wirtschaftswissenschaften und Englisch, spiele aber weiterhin Fußball, man kann ja nie wissen.

Florian (12): Ich möchte wie mein Vater hier im Kosovo Lehrer werden.

Gjergj: Hoffentlich sind wir dann Mitglied der großen europäischen Staatenfamilie.

EU **Gëzim:** Wir wünschen uns die Mitgliedschaft in der EU. Wir arbeiten darauf hin und ich glaube, dass wir in zehn Jahren so weit sein werden. Wir Jugendlichen fühlen uns jetzt schon als Europäer.

Gjergj: Unsere Politik muss sich ändern, damit der Kosovo eine Chance hat, in die EU aufgenommen zu werden.

UMWELTSCHUTZ **Gëzim:** Mit dem Müll haben wir im Kosovo große Probleme. Unsere Schule organisiert die Müllbeseitigung in den Straßen rund um die Schule und die Kirche. Die Schule sollte uns zusätzliche Informationen liefern, damit wir noch mehr tun können.

Gjergj: Hier im Dorf gibt es keine Müllabfuhr. Wir kompostieren einen Teil des Mülls, und verbrennen den Rest hinten im Garten.

ELTERN **Gëzim:** Mein Vater ist ein ruhiger Mensch. Er empfiehlt mir Bücher und erklärt mir Dinge, die ich nicht verstehe.

Florian: Ich werde meinen Kindern mehr Ratschläge geben.

KINDER **Gjergj:** Unsere Kinder gehören zu den besten Schülern. Aber Gëzim verbringt zu viel Zeit im Internet und begeistert sich zu sehr für Fußball.

WÜNSCHE **Gëzim:** Ich wäre gerne ein berühmter Fußballer bei Manchester United oder beim FC Barcelona.

Leze: Ich hätte gerne ein neues, moderneres Haus.

»Ich werde in einem Hightechhaus leben, vielleicht im Kosovo oder im Ausland.«
Gëzim (15)

Elisabeth & Bernhard als Adam und Eva

Bernhard ist der Bürgermeister des Dorfes. Elisabeth ist für den Festsaal (eine ehemalige Scheune) verantwortlich. »Wir meinen, dass wir unser Bestes tun für die Kinder, aber die sehen das nicht so und wollen auf eigenen Füßen stehen.«

Maria (15) und Carolin (19) geben ein Open-Air-Konzert

Maria möchte einmal Kinderkrankenschwester werden. Carolin studiert Chemie. Die beiden sind ehrenamtliche Helfer beim Roten Kreuz. »Ich streite mich mit meiner Mutter wegen jeder Kleinigkeit. Wir sind beide sehr dickköpfig. Mein Vater ist leichter zu überzeugen.« **(Carolin)**

ALBANIEN, AUF DER STRASSE NACH VLORA
Eine einzelne Kuh, wie man sie vor vielen albanischen Häusern sieht

Achille & Olga, die zu einer gewissen Distanz verpflichtet sind

Achill war Landwirt, bevor Gott ihn ins Priesteramt rief. Sein Wunsch: »Dass die Wirtschaftskrise ein Ende hat, die Geschäfte wieder geöffnet werden und die EU uns nicht fallen lässt, sondern weiter unterstützt!« Olga ist eine »Papaia«, die Ehefrau eines Popen. »In der Familie bin ich die Böse. Der Vater sagt zu allem ja, da muss ich mit den Kindern strenger sein.«

Christos (13) und Aristidis (11) auf ihrem Lieblingsspielzeug, dem Motorrasenmäher

Christos hilft seinem Vater beim Pflügen der Felder und bei der Pflege des großen Kirchgartens. Für seine Mutter hängt er Wäsche auf und bügelt. »Mein Vater schimpft nie mit uns. Er lässt uns alles durchgehen.« Christos will später einmal Ziegenzüchter werden, Aristidis Polizist.

ICH HABE EIN
PONY,
ICH WARTE
AUF EIN
PFERD
UND TRÄUME DAVON
EINE BERÜHMTE
TURNIERREITERIN
ZU WERDEN

Esmé (15), NIEDERLANDE

Jill (19) und Esmé (15) / Bart & Nelly / NIEDERLANDE – Harlingen

Sophie (17) und Lauren (19) / Angela & Danny / ENGLAND – Turville

Benoît in seiner Werkstatt

Benoît hat als Kind einen Koffer mit Holzwerkzeugen bekommen, die einen bleibenden Eindruck bei ihm hinterlassen haben. Er wurde Schreiner und liebt diese sowohl körperlich als auch gestalterisch anspruchsvolle Arbeit.

Maël (13) bei seinem Vater auf dem Land

Maël geht in den Niederlanden zur Schule und wohnt dort bei seiner Mutter. Die Wochenenden verbringt er bei seinem Vater in Belgien.

2020 **Maël (13):** Anfangs wollte ich Richter werden, aber jetzt bin ich mir wieder unsicher ... Mathe gefällt mir, vielleicht mache ich in dem Bereich etwas, wahrscheinlich in den Niederlanden.

Benoît: Ich würde gerne mehr Zeit in der Natur verbringen. Am liebsten würde ich mich nach und nach aus meinem Beruf zurückziehen und ein kontemplatives Leben führen.

EU **Benoît:** Die großen Veränderungen gehen über meinen Horizont. Ich mag auch nicht, wenn sich die Macht in einer Hand ballt, ich sehe es lieber, wenn Entscheidungen von den Beteiligten selber getroffen werden. Aber die Vorstellung von einem neuen Europa gefällt mir.

UMWELTSCHUTZ **Maël:** In der Schule ist das eigentlich kein Thema, aber meine Mutter gibt mir immer Tipps, was man in dieser Hinsicht tun kann.

Benoît: Es wäre besser, Vorsorgemaßnahmen zu ergreifen und Alternativen anzubieten, anstatt mit Panik zu reagieren. Angst lähmt nur und gibt einem das Gefühl der Schuld.

WÜNSCHE **Maël:** Meine Urgroßmutter ist 92 Jahre alt. Ich wünsche mir, dass sie noch viele Jahre lebt.

Benoît: Glück den Erdenbewohnern!

Vegard (13), Kari (10) und Sverre (8), das vollständige Gärtnerteam

Vegard ist Diplomatenkind und hat schon in den USA und in Bangladesh gelebt. Er spielt Fußball und Paintball und ist der »Chef« des Gärtnerteams.

Trude & Kristian genießen trotz widrigem Wetter ihre Terrasse

Kristian arbeitet im Außenministerium in der Abteilung Seerecht. Trude arbeitet als Anwältin in einer Krankenhausverwaltung.

2020 **Trude:** Ich hoffe, dass ich dann wieder als Botschafterehefrau in einer europäischen Hauptstadt (Prag, Budapest, Moskau ...) lebe.

UMWELTSCHUTZ **Vegard (13):** Ich hoffe, dass die neue Bohrinsel, die in Norwegen geplant ist, nicht so rasch gebaut wird. Sie könnte wichtige Fischreservate verschmutzen. Oft heißt es, Norwegen könne ohne sein Erdöl nicht überleben. Wir exportieren 50 Prozent unserer Ressourcen. Mit dem Geld könnten wir neue, saubere Energien entwickeln. Es schockiert mich, wenn ich lese, dass jede Familie im Durchschnitt monatlich 58 Kilo Nahrung in den Müll wirft.

EU **Kristian:** Den Streit um den Beitritt Norwegens halte ich für überflüssig, denn wir gehören schon zum europäischen Wirtschaftsraum und profitieren von den meisten Vorteilen der Union.

Trude: Seitdem sich die EU nach Osten öffnet, wirkt sie auf mich nicht mehr so anziehend ...

KINDER **Trude:** Vegard ist mein persönlicher Trainer. Mit ihm übe ich für den Marathon, und er misst meine Zeiten. Beim Laufen reden wir über alles: über das Leben, die Liebe, die Natur.

Kristian: Wir versuchen, auch gesondert mit den Kindern Zeit zu verbringen, um ihnen volle Aufmerksamkeit schenken zu können. Das gefällt ihnen.

WÜNSCHE **Vegard:** Einen Job in der Atomindustrie bekommen und dann ein Verfahren erfinden, wie man aus Atommüll saubere Energie gewinnt.

Kitti (13), Peter (11) und Daniel (9) vor ihrem nagelneuen Bauernhof

Kitti bereitet sich auf ein Reitturnier vor. Peter und Daniel helfen beim Füttern der Schweine und des Federviehs. Dazu gehört auch ein junger, aus dem Nest gefallener Storch. Kitti möchte später einmal Landärztin werden.

Zsuzsanna & Andràs haben gerade ein Kalb gerettet, das in den Bach gefallen war

Andràs Unternehmen stellt Hundefutter her. An den Wochenenden hilft er Zsuzsanna auf dem Bauernhof. Sie züchten Rinder, Schweine, Esel ... alles alte ungarische Haustierrassen, die in Vergessenheit geraten sind. Auf dem Hof trägt das Paar traditionelle Tracht.

BULGARIEN – Ostra Mogila

NORWEGEN– Hvalstad

RUMÄNIEN – Sacele

ITALIEN – Baschi

BULGARIEN – Stara Zagora

UNGARN – Orfü

EIN TAG AUF DEM LANDE

KOSOVO – Prizren

UNGARN – Orfü

SLOVAKEI– Trenčin

FRANKREICH – Pujols

KROATIEN – Zagreb

GRIECHENLAND– Doirani

»Die Entscheidungen trifft nicht der Jugendliche.«

Jesse (15), Daniel (15), Marie-Fee (12) und Anna (12) vor einer Malerei ihres Vaters

Jesse spielt Handball. Daniel ist Mitglied in einer Theatergruppe. Marie-Fee und Anna gehen in dieselbe Klasse und spielen auch im selben Fußballverein. Es ist eine Patchworkfamilie.

Anja & Rainer in der Küche

Anja, die Mutter von Daniel und Anna, war zunächst Bankangestellte und wird nun Kinderpsychotherapeutin. Rainer, der Vater von Jesse und Marie-Fee, war früher Fotograf und ist jetzt Hausmann. Er schreibt Geschichten für Kinder.

2020 **Jesse (15):** Ich wohne in der Stadt und arbeite in einem Musikverlag. Vielleicht bin ich auch Chefkoch.

Daniel (15): Ich bin dann Lektor in einem Verlag oder Psychologe.

Rainer: Vor drei Jahren hatte ich Leukämie und konnte dank einer Transplantation überleben. Ich freue mich über jeden Tag meines Lebens und möchte in mir das Gefühl für Schönheit entwickeln.

EU **Anja:** Mir fehlt die Nähe der Politiker: In Brüssel sind sie weit weg. Ich kenne sie deshalb nicht und habe sie auch nicht gewählt. Für mich kennt die EU nur Handelsinteressen, dabei wäre es doch wichtiger, den Humanismus und die Umwelt an erste Stelle zu setzen.

UMWELTSCHUTZ **Rainer:** Ich finde wirklich, dass wir das Leben einer Eintagsfliege oder eines Regenwurms genauso schätzen und achten sollten wie unser eigenes Leben. Diese Haltung ist für ein friedfertiges und harmonisches Dasein auf unserer Erde unerlässlich.

Anja: Zwar lautet das Sprichwort »Du bist, was du isst«, aber warum findet die Ernährung der Kinder dann so wenig Beachtung? Man muss ihnen erklären, woher die Nahrung kommt, woher die Tiere, die wir essen, stammen, wer die Milch erzeugt und welche Inhaltsstoffe sie hat. Warum kommt das in der Schule nicht zur Sprache?

WÜNSCHE **Jesse:** Ich möchte ehrgeiziger sein. Da ich mich noch nicht für einen Beruf entschieden habe, fehlt mir in der Schule die Motivation.

Daniel: Ich will meine Faulheit überwinden!

Josef & Marta mit ihrem Pflaumensaft, einem Heilmittel für »fast alle Beschwerden«

Josef besitzt drei Kühe, ein Pferd und kümmert sich um seinen Bauernhof. Marta ist Hausfrau und hat elf Kinder geboren, von denen sechs immer noch zu Hause wohnen.

Bogumila (18), Bozydar (16), Boguchwal (20), Dobrusia (23), Stanislaw (13) und Bronislaw (13)

Bogumila geht auf eine Fachoberschule, Bozydar ist Maurerlehrling, sein großer Bruder Boguchwal ist schon ausgebildeter Maurer. Sie helfen ihren Eltern auf dem Bauernhof. Stanislaw und Bronislaw gehen auf die Realschule.

2020 **Bogumila (18):** Ich könnte mir vorstellen, Raumausstatterin zu sein. Ich wohne in der Nähe des Bauernhofs.
Bozydar (16): Ich träume von einer Karriere als Sänger im Showbusiness.
Boguchwal (20): Ich habe eine Familie mit fünf Kindern und tue alles, um ihnen eine gute Erziehung zu ermöglichen.
Stanislaw (13) und Bronislaw (13): Wir arbeiten im Baugewerbe.
Josef: Von Gott inspiriert habe ich schon mehr als 1900 Gedichte geschrieben, und ich schreibe weiter. Mein schönstes Gedicht heißt »Das Leben ist schön!«.

UMWELTSCHUTZ **Boguchwal:** Polen verändert sich, man schließt Fabriken, die die Umwelt zu stark verschmutzen. Wir hier sind Selbstversorger und bauen für unseren eigenen Bedarf und zum Verkauf Getreide, Kartoffeln und Kohl an.

EU **Josef:** Von der EU erwarte ich nichts Besonderes, die sind alle antichristlich.

ELTERN **Bogumila:** Es ist unsere Familientradition, morgens und abends gemeinsam zu beten und zu singen und am ersten Freitag des Monats zusammen in die Kirche zu gehen. Meine Eltern sind ein gutes Vorbild: Meine Kinder erziehe ich genau auf diese Weise.
Bozydar: Alle Streitigkeiten legen wir innerhalb von fünf Minuten bei.
Bronislaw: Im Sommer gehe ich gerne mit meinem Vater in die Berge. Er läuft immer barfuß, weil das seiner Ansicht nach gut für die Gesundheit ist.

KINDER **Marta:** Ich möchte, dass meine Kinder Christen bleiben.
Josef: Ich freue mich, dass unsere Zwillinge den Hof übernehmen wollen. Sie achten genau auf die Ausgaben.

Karina (21) und Gabor (21) im Kellergewölbe für die Weinproben

Karina arbeitet im Weinkeller ihrer Eltern. »Ich helfe meiner Mutter, wo ich kann, aber sie ist der Chef. Das ist nicht immer leicht.« Gabor geht auf die Weinbauschule. »Wenn ich mit meinem Vater über Wein rede, verstehen wir uns. Bei anderen Themen ist es schwieriger. Ich träume davon, einmal Winzer des Jahres zu werden. Das hat mein Vater nie geschafft.«

Gabriella & Gabor und ihre 40 Weinfässer

Gabor ist für die Herstellung des Weins verantwortlich, Gabriella für die Weinproben und den Verkauf. Beide sind Winzer in der siebten Generation, aber ihr Sohn wird der erste diplomierte Önologe sein. »Meine Tochter braucht noch ein paar Jahre, bis sie sich so gut auskennt wie ich.« (Gabriella)

Mimi (18), Joe (17), Ruby (14) und Danny (11) am Gartenteich

Joe hat im Garten einen Teich für Frösche und Libellen angelegt, die er nun fotografiert. Er ist schon mit 14 Jahren von der Schule abgegangen, um Fotograf zu werden, und verkauft seine Bilder, die er von Insekten und anderen Tieren macht, in einer kleinen Galerie. Mimie besucht die Abschlussklasse und will Anatomie studieren.

Simon & Luana vor ihrem von einer befreundeten Künstlerin geschaffenen Sonnenspiegel

Simon ist Ingenieur und leitet eine Firma für »Nanocoating Technology«, eine Technik, mit der man Gegenstände wie z.B. Schuhe, Hüte, Telefone usw. wasserdicht machen kann. Luana berät Mütter beim Stillen.

Mimi (18), Joe (17), Ruby (14) und Danny (11)
Simon & Luana

»Bei uns herrscht ein Gleichgewicht von Disziplin und Ausgelassenheit. Meine Eltern haben gute Arbeit geleistet!« Mimi (18)

2020 **Danny (11):** Ich würde gerne irgendetwas mit Autos machen. Ich mag Autos!
Ruby (14): Einen Beruf, der etwas mit Psychologie und Kindern zu tun hat.
Joe (17): Ich werde weiterhin Tiere fotografieren, aber mehr wissenschaftlich. Ich wohne dann an der Küste im Süden Englands, wo es mehr Tiere gibt.
Mimi (18): Eine Arbeit im Gesundheitswesen und auf alle Fälle fünf Kinder.
Luana: Ich bin dann (vielleicht) Großmutter, erlerne ein Musikinstrument, Cello oder Klavier, oder eine Sprache – Chinesisch, warum nicht? Und ich setze mich weiterhin für das Stillen ein.
Simon: Ich gehe wieder an die Uni und studiere Kunst, Psychologie, Geologie, Paläontologie oder irgendein anderes Fach, nur um zu lernen.

EU **Mimi:** Ich halte es für sehr wichtig, zusammen zu sein und sich bei Schwierigkeiten zu helfen. Aber den Euro will ich nicht, wir sollten unser Pfund behalten.
Joe: Ich bin stolz, Europäer zu sein. Man schaue nur nach Griechenland: Wir sind da, um den Griechen zu helfen!!
Simon: Es wäre sinnvoller, eine Regierung für die ganze Welt und nicht nur für Europa zu schaffen ... Wir unterscheiden uns doch kaum, und die wenigen Unterschiede sollten einen Reiz und keine Bedrohung darstellen.
Luana: Wir Engländer sind größere Individualisten, weil wir Inselbewohner sind. Wir fühlen uns nicht so sehr als Europäer. Deshalb irrt, wer glaubt, alle Europäer hätten die gleiche Wertschätzung für Europa. Überall lebt ein starker Nationalstolz.

UMWELTSCHUTZ **Joe:** Es gibt zu viele Autos. Die Leute sollten Fahrrad fahren ...
Simon: Hört auf, so viel zu kaufen und sinnlos zu konsumieren, dann wird es weniger Umweltverschmutzung geben! Das versuche ich meinen Kindern beizubringen.
Luana: Für jeden neuen Gegenstand, der ins Haus kommt, muss ein alter verschwinden.

ELTERN **Joe:** Ich hatte Probleme, als ich mit 14 die Schule verlassen habe, aber meine Eltern haben nie das Vertrauen in mich verloren.

YOU MAY NOT
CONSUME
ALCOHOL
ANYWHERE
ON THE PIER
EXCEPT IN
THE BARS &
BARS BEER
GARDENS
SOUTHSEA
DECKCHAIRS

Marija & Tomislav

Marija ist Grundschullehrerin. Sie schaut gerne Hockeyspiele an, besucht Museen und geht in Zagreb überall dorthin, wo kein Eintritt verlangt wird. Tomislav ist Vertreter einer Informatikfirma.

Ivana (17), Jelena (12), Marko (19), Lucija (14) und Paula (21)

Marko, der Hahn im Korb, mitten unter seinen Schwestern.

Ivana wird Jura studieren. Marko macht eine Ausbildung zum Piloten. Seine jüngere Schwester Jelena meint: »Ich möchte auch Pilotin werden, das ist besser als Stewardess!« Lucija will Politikwissenschaft studieren. Paula ist Studentin der Wirtschaftswissenschaft.

2020

Marko (19): Ich würde gerne im Ausland leben, aber für eine Familie (ich möchte später vier Kinder haben) ist Kroatien besser geeignet; es ist ein wunderbares Land und bietet viel, was es in Europa nicht gibt – außer einer vorbildlichen Politik.

Ivana (17): Ich würde gerne ein paar Jahre in England leben.

Tomislav: Ich bin Optimist. Ich leite hier in Kroatien ein Projekt zur Schaffung erneuerbarer Energiequellen. Ich denke, dieses Projekt ist besser als das, was andere Länder in dieser Hinsicht vorschlagen, aber wir warten noch auf die Baugenehmigungen.

Marija: Ich wäre in der Rolle der Großmutter glücklich.

EU

Marko: Ich bin sehr skeptisch angesichts einer so großen Organisation.

Paula (21): Wir sind ein sehr kleines Land ohne große Strukturen. Die großen Staaten werden uns ohne viel Federlesen vereinnahmen!

Marija: Wir diskutieren seit zehn Jahren über den Beitritt von Kroatien zur EU ...

Tomislav: Wir sind ein kleines Land; die ausländischen Banken werden sich unser Geld unter den Nagel reißen.

UMWELTSCHUTZ

Ivana: Ich wollte mich ehrenamtlich in einer Tierschutzorganisation engagieren, musste dann aber aufgeben, weil ich keine Zeit mehr hatte.

Paula: Wer überzeugt ist, er könne etwas beim Umweltschutz bewirken, wird sich engagieren. Vorläufig mache ich bei der richtigen Entsorgung mit, das ist ein erster Schritt für mich.

Marija: Ich spreche mit meinen Schülern darüber, und sie vergessen es nicht: Gegenwärtig wird der Müll von ganz Europa in menschenleeren Gegenden von Ungarn gelagert. Ich möchte nicht, dass auch Kroatien zu einer öffentlichen Mülldeponie wird.

ELTERN

Paula: Unsere Mutter hat sich viel Mühe gegeben, dass wir alle Museen der Stadt kennenlernen. Uns Kindern galt ihre ganze Hingabe.

Ivana: Ich glaube, es ist wichtig, zwischen Eltern und Freunden zu unterscheiden. Wenn die Eltern zu Freunden werden, hören die Kinder nicht mehr auf sie.

2020

»Ich werde Politikwissenschaften studieren und Staatspräsidentin werden.«

Lucija (14)

Philippe & Suzy neben einem Bild von »Marilyn«

Philippe ist Arzt und Ernährungsberater. Suzy, ein ehemaliges Model, schreibt Kochbücher mit exotischen und kalorienarmen Gerichten, zu denen ihr Ehemann ihr Tipps gibt.

David (17), Maxime (15) und Vincent (18) unter einem Porträt ihrer Mutter

Vincent hat mit der Schule aufgehört, um Model zu werden. David wurde vom Gymnasium verwiesen. Maxime ist in der elften Klasse und würde am liebsten auch Dressman werden. »Wenn ich einmal Vater werden sollte, dann wäre mir ein Junge lieber. Mädchen sind viel schwieriger.« (Maxime)

MEIN WUNSCH:
ICH HÄTTE GERNE
EIN EIGENES
FLUGZEUG,
ABER EINE **SPEZIAL-**
ANFERTIGUNG, SODASS ICH IM
WELTRAUM
FLIEGEN KANN

Nikolay (15), BULGARIEN

Vladimir / Nikolay (15) / BULGARIEN – Bratya Kunchevi

Janer & Toncka / Domen (15), Matjaz (19) Nina (10) / SLOWENIEN – Podgorje

Helene & Manfred

Helene arbeitet in der Bekleidungsbranche und pendelt zwischen Europa und China. Manfred ist gebürtiger Deutscher und als leitender Angestellter in der Telekommunikationsbranche tätig. Er ist von Berufs wegen viel unterwegs. Die gemeinsamen Hobbys des Paares sind Bootsfahrten, Sauna, Tennis und Golf.

Victoria (17), Isabelle (15) und Daniel (10)

an der Baltikküste.

Victoria geht aufs Gymnasium, reitet gerne und hat ein eigenes Pferd. Am Wochenende arbeitet sie als Kellnerin in einem Café. Isabelle geht in Stockholm zur Schule.

2020 **Victoria (17):** Ich werde in Schweden studieren und gehe dann in die Wirtschaft oder in die Produktentwicklung.

Isabelle (15): Wirtschaft fasziniert mich. Ich werde mal Geschäftsführerin eines IT-Unternehmens und jette durch die Welt.

Manfred: Ich hoffe, dass ich bis dahin das Haus restauriert habe!

UMWELTSCHUTZ **Isabelle:** Daran denke ich oft. In Schweden sind wir verwöhnt, aber ich könnte auch in einem ganz schlichten Haus wohnen und auf meinen Computer und meinen iPod verzichten, wenn meine Freunde das Gleiche tun.

Helene: Wir verwenden bei der Kleiderherstellung organische Baumwolle aus Pakistan und China.

Manfred: Ich stelle fest, dass das ökologische Wirtschaften in den Unternehmen eine immer größere Rolle spielt. Vor allem in Asien, wo der Umweltschutz gleichzeitig mit der Marktöffnung voranschreitet. Ich selbst könnte statt meines großen Autos auch ein kleines fahren oder eines von den zwei Autos abschaffen!

EU **Isabelle:** Ich mag es nicht, wenn die großen Staaten allein bestimmen. Man müsste Lösungen finden, die allen Mitgliedern gerecht werden.

Helene: Eigentlich eine gute Sache, aber wir sind nicht bereit, unsere Krone, unsere Nationalwährung, aufzugeben.

ELTERN **Victoria:** Wir sprechen offen miteinander, aber meinem Vater fällt es schwer, meinen Standpunkt zu verstehen – und meine Mutter gibt niemals zu, sich geirrt zu haben.

Isabelle: Meine Mutter und ich sind eher ruhig und gelassen. Mein Vater sucht zwar immer nach Lösungen, aber wenn ich nicht seiner Meinung bin, regt er sich gleich auf und gerät in Zorn. Wenn alle im Haus schreien, denke ich immer, dass ich mit meinen eigenen Kindern anders umgehen werde!

KINDER **Manfred:** Die Diskussionen, wer ausgehen und bei wem übernachten darf usw., verlaufen ganz passabel. Das hat mich überrascht, ich hatte Schlimmeres befürchtet! Ich glaube, dass wir einen guten Draht zu den Kindern haben. Selbst wenn sie uns nicht alles sagen, habe ich doch den Eindruck, dass ich das Wesentliche mitbekomme und weiß, was läuft.

WÜNSCHE **Victoria:** Die Schule mit sehr guten Noten abschließen, um sich alle Erfolgschancen zu wahren.

WUNSCH

»In New York wohnen, die Kängurus in Australien sehen, Spanisch in Südamerika lernen und die verschiedenen Völker Asiens kennenlernen ...« Victoria (17)

Costel (14), Traian (9), Jonut (7), Denisa (5), Alexandra (13), Sebastian (12) und Julian (17) vor dem Kaninchenstall und dem Schweinekoben

Alexandra geht zur Schule und gibt ihren jüngeren Geschwistern Unterricht. Costel hilft seinem Vater auf den Baustellen und träumt von einer Anstellung im Baugewerbe. Julian kümmert sich um die Schweine und Kaninchen und will später Mechaniker werden.

Petreo & Valéria in ihrem Zweizimmerrefugium

Sie wohnen in einem von den Häusern, die im Rahmen einer Sanierung von Romasiedlungen errichtet wurden. Petreo ist Maurer und arbeitet für dieses Projekt. »Die übrigen Bürger der EU sind sicherlich zufrieden, aber hier leben wir mit der gleichen Einstellung wie vor dem Beitritt. Unser Wirtschaftssystem ist kaputt, wir produzieren nichts mehr.«

Juan Antonio & Antonia

Juan Antonio ist in Espinando geboren und lebt dort. Er hat auf dem Markt einen Verkaufsstand für Bekleidung und Schuhe, die er aus China bezieht. Antonia kümmert sich um den Haushalt und die Kinder.

Juan Antonio (18), Noemi (19), Pedro José (13) und die anderen ...

Juan besucht mit seinem Vater die Märkte in der Region. Er spielt Fußball. Noemi ist an Mode interessiert, und ihre äußere Erscheinung spielt eine große Rolle für sie. Pedro José geht noch zur Schule.

2020 **Juan Antonio (18):** Ich bin dann verheiratet, habe zwei Kinder und besitze einen eigenen Verkaufsstand auf dem Markt.

Noemi (19): Ich habe einen Freund, der sich gerade ein Haus gekauft hat. Nach unserer Heirat werde ich das Elternhaus verlassen und zu ihm ziehen. Ich werde Kinder bekommen, als Putzfrau arbeiten oder als Verkäuferin in einem Modegeschäft.

Pedro José (13): Ich kann mir vorstellen, Rechtsanwalt zu sein.

Juan Antonio: Ich werde ziemlich viele Enkel haben und helfe meinen Kindern, ihre Kinder aufzuziehen. Meine Kinder haben nicht einmal den Hauptschulabschluss; ihre einzige Chance, über die Runden zu kommen, sind die Märkte. Ich werde schlaflose Nächte haben bei dem Gedanken daran, dass meine Kinder ihre Rechnungen nicht bezahlen können.

UMWELTSCHUTZ **Juan Antonio:** Das sagt mir nichts, ich mache nichts.

Noemi: Ich beteilige mich daran überhaupt nicht.

EU **Juan Antonio:** Ist doch alles perfekt in Europa!

Juan Antonio: Früher ließ es sich in Spanien gut leben. Heute zahlt man das Doppelte, und es wird immer schwerer, bis zum Monatsende mit dem Geld auszukommen.

ELTERN **Noemi:** Ich verstehe mich sehr gut mit meinen Eltern, wir haben ein prima Verhältnis. Probleme gibt es eigentlich nur, wenn wir Dinge verlangen, die wir uns nicht leisten können. Aber man bekommt ja nie alles, was man sich wünscht.

Juan Antonio: Mein Vater kann sehr gut Witze erzählen.

KINDER **Antonia:** Die schönsten Momente mit meinen Kindern sind dann, wenn sich alle um eine große Paella versammeln. Danach schauen wir einen Film an oder ein Video von der Taufe unseres jüngsten Kindes. Wenn die ganze Familie zusammenkommt, sind wir zwischen 30 und 50 Personen.

Juan Antonio: Für eine Romafamilie ist es traditionell wichtig, das Weihnachtsfest im Haus des Vaters zu feiern. Wir Roma halten sehr eng zusammen. Wir gehen gemeinsam in eine evangelische Kirche. Ich danke Gott, dass meine Kinder nie Probleme hatten mit Diebstahl oder Drogen.

WÜNSCHE **Juan Antonio:** Ein schönes Leben haben und nicht arm sein. Nach alter Romatradition sollte ich im Haus meiner Eltern bleiben, aber ich schmiede schon Pläne für den Auszug.

»Ich träume von einem Auto, das fliegen kann!«
Pedro José (13)

DÄNEMARK – Herning

RUMÄNIEN – Bukarest

ITALIEN – Castelnovo

GRIECHENLAND – Thessaloniki

GRIECHENLAND – Petralona

LUXEMBURG – Clemency

FAMILIEN MIT EINEM KIND ODER MEHRERE

MONTENEGRO – Tuzi

ESTLAND – Pärnu

FRANKREICH – Bias

IRLAND – Trim

FRANKREICH – Villejuif

FRANKREICH – Laroque-Timbaut

»Hat man Geschwister, gehen sie einem auf die Nerven. Hat man keine, wünscht man sie sich!«

Carlo (15), Vera (20) und Bernardo (15) auf der Terrasse, dem einzigen Ort ohne Autos ...

»Ich mag meinen Vater sehr, aber er nervt mich (und alle anderen) mit seinen Modellautos! Schauen Sie sich das Haus an: Tausende von Modellautos! Zum Glück hat er auch ein paar schöne echte Autos, mit denen wir unter seiner Aufsicht auf dem Land fahren dürfen.« (Carlo)

Giulietta & Francesco mit einem kleinen Teil seiner Autosammlung

Giulietta ist Biologin an der medizinischen Fakultät. Francesco hat erst für eine Schifffahrtslinie in der Karibik, dann für eine Erdölgesellschaft gearbeitet und dann als Möbelspediteur in Italien. Gerade schreibt er an einem Roman über die Ungewissheit im Leben. »Ich werfe so wenig wie möglich weg, wie Ihnen ein Blick in unsere Wohnung zeigt!« (Francesco)

Stéphane & Nadia vergleichen das Leben mit einem Roman

Beide sind Buchhändler, und jeder hat seinen eigenen Laden. Stéphane hat gerade eine Buchhandlung für Kinder eröffnet. Nadia hat eine Preisausschreibung für Debütromane ins Leben gerufen und organisiert dazu jedes Jahr einen Wettbewerb.

Célia (24), Livia (19) und Doriane (13)

Célia unterrichtet Literatur am Gymnasium. Doriane ist Klassensprecherin und ein großer Fan von Michael Jackson. Livia möchte Sonderpädagogin und Sozialarbeiterin werden. Dazu bereitet sie sich auf eine Aufnahmeprüfung vor.

2020 **Doriane (13):** Ich bin dann Musical-Schauspielerin in London oder New York!

Livia (19): Ich würde gerne einen Verein für humanitäre Hilfe gründen und Projekte in Marokko oder in Südafrika durchführen.

Stéphane: Die elektronischen Lesegeräte machen uns schon Sorgen, aber wir glauben noch an die Zukunft des Buches, weil Buchhandlungen Orte der Begegnung sind, wo das Leben pulsiert.

UMWELTSCHUTZ **Doriane:** Zu Hause bemühen wir uns, unsere Eltern ans Recyceln zu gewöhnen.

Stéphane: In der Buchhandlung haben wir den Kunden Tüten aus Recyclingpapier angeboten, aber am Ende mögen sie doch lieber Plastiktüten. Das ökologische Denken ist noch nicht in alle Köpfe eingezogen. Immerhin stellen wir fest, dass die Leute doch hellhörig geworden sind und nach Büchern zu diesem Thema fragen.

ELTERN **Célia (24):** Ich glaube, dass ich eine bessere Mutter sein werde als unsere, die immer zu viel gearbeitet hat. Ich werde es eher wie mein Vater machen, nur eben als Mutter, d.h. vertrauter mit den Kindern sein, ohne sie zu erdrücken.

KINDER **Nadia:** Ich habe den Eindruck, unsere Kinder hängen sehr (vielleicht zu sehr) aneinander. Wir hatten nicht viel Zeit für sie ...

Stéphane: Jugendliche in der heutigen Zeit großzuziehen ist eine Aufgabe. Sie sind so neugierig, so offen und bekommen eine Flut von Informationen. Wir müssen ihnen dabei helfen und ihnen Orientierung bieten (z. B. weniger Facebook!).

Susanna & Stefan

tefan ist Gärtner. Susanna stammt aus einer Familie von Buchhändlern und Verlegern. Das war auch ihr Beruf, doch jetzt arbeitet sie nicht mehr und kümmert sich um ihre Kinder.

Sofia (20), Ludwig (15), Ansgar (17), Oscar (18) und Jakob (14) sind gut gelaunte Patchworkgeschwister

Ansgar ist ein akrobatischer BMX-Fahrer, Oscar begeistert sich für Kino und Fotografie und macht Graffiti mit Ludwig, dem Skater der Familie. Jakob spielt Saxofon in einem Orchester. Sofia wird in einer speziellen Einrichtung betreut.

2020 **Ludwig (15):** Ich mache etwas mit Kunst und wohne mit meiner Frau in Südeuropa.
Oscar (18): Ich werde für den Film arbeiten und vielleicht in Spanien wohnen.
Ansgar (17): Einen handwerklichen Beruf haben, bloß nicht am Schreibtisch sitzen.
Sofia (20): Ich würde gerne in einem Haus wohnen und unabhängig sein.
Susanna: Ich hätte Lust auf Reisen und Fotografieren. Es muss nicht weit weg sein, mir geht es darum, das Ungewöhnliche im Gewöhnlichen zu finden.

EU **Oscar:** Man muss in der globalisierten Wirtschaft seinen Platz neben den Supermächten finden. Wenn die EU allerdings ein einziger Staat wird, dann laufen die Länder Gefahr, ihre Identität zu verlieren.
Ludwig: Ein Vorteil der EU liegt darin, dass man effektiver gegen Autodiebe und Drogenkriminalität vorgehen kann.
Susanna: Ich bin pessimistisch, was die Einigkeit all dieser Länder betrifft. Jedes verteidigt doch seine Interessen.
Stefan: Mich ärgert vor allem diese Regulationswut. Für jede Kleinigkeit gibt es eine Vorschrift aus Brüssel.

ELTERN **Ludwig:** Wenn ich einmal selbst Vater bin, bringe ich meine Kinder oft zu meiner Mutter. Sie hat uns so gut erzogen, dass sie das gerne auch mit meinen Kindern tun kann.

KINDER **Susanna:** Mit unserer schwerbehinderten Tochter Sofia stehen wir oft vor viel gravierenderen Problemen, als sie Jugendliche sonst bereiten.

Blanca & Sepp

auf der Weide mit ihrem »Schweizer Braunvieh«,
Sepp ist Bauer und hat etwa 40 Kühe, von denen jede im Jahr 10 000 Liter Milch liefert. Nach Ende der Heuernte widmet er sich seiner kleinen Firma für Zaunanlagen. Blanca kümmert sich um den Haushalt und die sechs Kinder. Daneben führt sie eine Praxis für energetische Medizin; sie behandelt bei Menschen wie bei Tieren traumatische Störungen und Blockaden, die auf Unfälle zurückzuführen sind.

Thomas (12), Tobias (11), Sepp (17), Roman (15), Nicola (5) und Blanca (14)

Sepp Jr. ist Landwirtschaftslehrling und will in drei Jahren den Bauernhof übernehmen. Blanca geht auf die Sekundarschule. Roman würde gerne auf dem Gebiet der Informatik arbeiten. Er macht außerdem Musik, betreibt Bodybuilding und spielt Computerspiele.

2020
Sepp (17): Ich führe den Bauernhof unserer Familie erfolgreich weiter.
Roman (15): Ich sehe mich als Unternehmer mit einer kleinen Softwarefirma und lebe mit meiner Familie in Deutschland oder in den USA.
Sepp: Ich bin im Ruhestand und habe meinen Söhnen den Bauernhof übergeben. Hoffentlich habe ich mehr Zeit für mein Hobby, das Kartenspiel.

UMWELTSCHUTZ
Sepp: Wir haben in der Schweiz und vor allem in der Landwirtschaft sehr strenge Vorschriften für den Gewässerschutz. Im Alltag trennen wir den Müll von den abbaubaren Stoffen. Dem Futter für die Kühe setzen wir Mikroorganismen zu. Sie gären im Magen der Kühe, sodass ihr Urin besser abgebaut werden kann.

EU
Roman: Für mich ist sie kein Erfolgsmodell. In Europa sind die Löhne viel zu unterschiedlich, man braucht bloß nach Osteuropa zu schauen. Der Verwaltungsapparat arbeitet nicht sehr effizient. Das muss alles noch besser werden, ich bin wirklich froh, dass ich Schweizer bin.
Blanca (14): Ich weiß nicht, was die Europäische Union eigentlich ist, in der Schule haben wir sie noch nicht behandelt.
Sepp: Ich kenne mich da auch nicht besonders aus, ich verlasse mich auf meinen Bruder, der auf diesem Gebiet gut informiert ist.
Sepp: Hoffentlich zögert die Schweiz ihren Beitritt zur Europäischen Union noch lange hinaus.
Blanca: Wir arbeiten 15 Stunden pro Tag, und doch sinken die Einkünfte; treten wir der Europäischen Union bei, gehen die Milchpreise noch weiter zurück ... und noch mehr arbeiten können wir nicht.

ELTERN
Sepp: Ich arbeite mit meinem Vater zusammen. Wir besuchen landwirtschaftliche Messen und informieren uns über neue Zuchtmethoden.
Blanca: Meine Brüder helfen auf dem Hof, und ich helfe meiner Mutter beim Abwasch.

KINDER
Sepp: Ich mache alles zusammen mit meinem ältesten Sohn. Wir sind wie gute Kameraden und teilen die Begeisterung für das Schweizer Braunvieh, die besten Milchkühe der Welt.
Blanca: Ich habe nur eine einzige Tochter; sie begleitet mich auf die Alm, und im Winter machen wir gemeinsam Skiausflüge. Es ist schon eine besondere familiäre Situation, wenn man sechs Kinder hat: Kein Kind hat die Eltern ganz für sich allein.

WÜNSCHE
Blanca: Ich möchte im Lotto gewinnen und Geld für den Tierschutz spenden.
Sepp: Einen riesigen Bauernhof mit vielen Kühen.
Roman: Ein fliegendes Auto.

»Sollte ich ein Haus bauen, käme nur Sonnenenergie infrage, weil die Sonne das ganze Jahr über scheint.« Blanca (14)

NORWEGEN, ASKER
Jugendliche vor dem Konzertbesuch

Jewgeni & Anna unter einem Bild ihrer Lieblingsmalerin

Anna arbeitet im Institut français in Moskau und kümmert sich um künstlerische Projekte. Jewgeni organisiert Expeditionen zum Nord- und Südpol. Er wirkt als Stuntman bei internationalen Filmproduktionen mit. Man sieht ihn bei Flugzeugabstürzen und Autoexplosionen. Früher war er Fallschirmspringer in der Sowjetarmee (6500 Absprünge). Sein Hobby ist zugleich sein Beruf.

Lisa (21) unten vor ihrem Mietshaus

Lisa studiert Film- und Theaterwissenschaft. Als freiberufliche Mitarbeiterin bei einer Frauenzeitschrift schreibt sie gerne. Kino ist ihre Leidenschaft, Woody Allen, Jim Jarmusch und die Brüder Coen sind ihre Lieblingsregisseure.

Lisa (21)
Jewgeni & Anna

»Ich fühle mich frei im Kopf, aber ich würde mich gerne wohler in meiner Haut fühlen.« Lisa (21)

2020 **Lisa (21):** Ich nehme Gelegenheitsjobs an, um mit dem Geld auf Reisen zu gehen. Ich bin nicht sehr ehrgeizig.

UMWELTSCHUTZ **Lisa:** Unter der Luftverschmutzung in Moskau leiden alle, aber was kann man dagegen tun?

Anna: Man müsste den Autoverkehr eindämmen und die Industriebetriebe hinaus aufs Land verlegen.

Jewgeni: Wir haben eine Datscha. Wenn man das Wasser mit dem Eimer im See holen muss, begreift man, was haushalten heißt.

EU **Lisa:** Europa finde ich interessant, ich liebe es. Die Menschen in Europa sind anders. Hier in Moskau ist keiner höflich, man lächelt hier im Allgemeinen wenig.

Anna: Die Russen hegen große Bewunderung für Mitteleuropa. Die EU hat unleugbare Qualitäten, aber schon wegen seiner Geografie könnte Russland niemals einer Union beitreten, die kleiner ist als das Land selbst.

ELTERN **Lisa:** Meine Eltern sind geschieden. Seit meine Mutter wieder geheiratet hat, ist mein Wohnraum zu Hause kleiner geworden, das bedauere ich schon. Als Mutter werde ich mehr auf meine Kinder hören.

KINDER **Anna:** Obwohl sie das Alter hätte, ist sie noch nicht reif, das Elternhaus zu verlassen. Sie ist sehr gebildet, aber sie zögert noch, auf eigenen Füßen zu stehen. Wegen der hohen Mieten müssen die Jugendlichen bei den Eltern wohnen bleiben, bis sie heiraten, manchmal sogar noch länger.

WÜNSCHE **Jewgeni:** Mit Spezialfahrzeugen eine Expedition in die Antarktis zu den drei Polen unternehmen: zum Südpol, zum »Pol der Unzugänglichkeit« und zum »Kältepol«, wo man die tiefste Temperatur gemessen hat (–89,2 °C).

Anna: Ein Sabbatjahr einlegen und eine Weltumsegelung machen.

Lazarinka

wurde nach Schließung der Tabakfabrik nach 30-jähriger treuer Mitarbeit in der Finanzabteilung entlassen. Seit einem Monat ist sie Finanzchefin in einer Agentur für Werbung und Kommunikation.

Mila (16)

geht auf das Gymnasium in Skopje. Sie spielt sehr gut Tennis, konzentriert sich jetzt aber auf die Schule. Am liebsten geht sie mit ihren Freunden aus, hört Musik oder fährt Fahrrad.

2020

Mila (16): Eines ist sicher: Verheiratet bin ich dann mit meinen 25 Jahren noch nicht. Aber ich lebe wahrscheinlich nicht mehr in meiner Geburtsstadt.

Lazarinka: Ich singe in einem Chor für russischen Gesang, und wir treten manchmal auf. Wenn man die Sprache nicht beherrscht, ist das Singen nicht immer einfach. Ich bemühe mich, Fortschritte im Russischen zu machen.

EU

Mila: Die Länder der EU sind wirtschaftlich attraktiv und sehr stark. Mazedonien ist kein stabiles Land.

Lazarinka: Wir wünschen einen stärkeren Handelsaustausch mit der EU. Seit einem Jahr können wir endlich ohne Visa reisen. Ich fühle mich als Europäerin.

UMWELTSCHUTZ

Mila: Als echte Stadtbewohnerin zieht mich die Natur nicht besonders an. Die Jugendlichen meines Alters sind den Problemen des Umweltschutzes gegenüber gleichgültig, weil es vor Ort an Informationen und entsprechenden Aktionen fehlt.

Lazarinka: Ich werfe auf der Straße nichts weg, und ich fahre mit den öffentlichen Verkehrsmitteln.

ELTERN

Mila: Meine Eltern sind geschieden. Meine Mutter ist nicht allzu streng, ich darf abends ausgehen. Sie arbeitet viel, und wir haben kein sehr enges Verhältnis. Später werde ich einen besseren Kontakt mit meinen Kindern pflegen und ihnen mehr Ratschläge geben. Meine Mutter spricht mit mir nur über ihren Alltag, das ist nicht gerade spannend.

KINDER

Lazarinka: Unser Altersunterschied ist groß, und die Beziehung zu ihr ist momentan schwieriger geworden, seit sie Jugendliche ist. Sie geht mit ihren Freunden abends aus und kommt spät nach Hause, und ich kann deswegen nicht einschlafen. Sie glaubt, dass sie schon alles weiß und überall hingehen kann. Mir wäre es lieb, wenn sie im Ausland studieren würde, um ihre Karrierechancen zu verbessern.

WÜNSCHE

Mila: Ich möchte eine Rundreise durch Europa machen, durch Frankreich, Spanien, Portugal ...

Lazarinka: Rechtzeitig die Jahresbilanz fertigstellen und zur Zufriedenheit meines Vorgesetzten arbeiten.

»Meine Mutter stellt mir ein wenig zu oft die Frage nach meiner Zukunft; ich weiß aber noch nicht, was ich in meinem Leben machen möchte.«
Mila (16)

Emana (6) und Amer (19)

Amer hat gerade sein Abitur bestanden und steht vor der Abreise in die USA, wo er ein Stipendium für ein Wirtschaftsstudium bekommen hat.

Vehid & Amela

Vehid war früher Bergmann. Jetzt ist er für die technische Ausstattung des Bergwerks verantwortlich. Amela leitet die Abteilung Augenheilkunde der Universitätsklinik.

2020 **Amer (19):** Nach meinem Studium werde ich noch ein paar Jahre in den USA bleiben und dann nach Bosnien zurückkehren und beim Aufbau der Wirtschaft meiner Heimat mithelfen.

Amela: Ich würde gerne eine Ausbildung in einem amerikanischen Krankenhaus machen, um das Gesundheitssystem besser kennenzulernen. Vielleicht könnte man das auch in Bosnien anwenden. Und außerdem wäre das eine Gelegenheit, meinem Sohn nachzufolgen!

Vehid: Ich bin im Ruhestand und kümmere mich um Emana, während meine Frau in den USA ist ...

EU **Amer:** Ich bedauere, dass wir nicht Mitglied sind. Offen gesagt, fühle ich mich ausgeschlossen, weil ich nicht die gleichen Möglichkeiten habe wie andere Europäer.

Vehid: Ich finde, dass Bosnien um seinen Beitritt kämpfen sollte. Die EU kann den Frieden sichern und einen raschen Wandel der Lebensverhältnisse bringen.

UMWELTSCHUTZ **Amer:** Ich habe bei einer Aufklärungskampagne zur Luftverschmutzung mitgemacht: Wir haben sechs Minuten lang den Verkehr auf der größten Straßenkreuzung von Tuzla angehalten, haben Diskussionen in den Schulen veranstaltet und haben Flyer auf den Straßen verteilt ... Wir waren Teil einer weltweiten Kampagne zu den Risiken der globalen Erwärmung. Die Teilnehmer kamen aus 50 Ländern.

Vehid: Die Industrie in Tuzla ist sehr chaotisch ... Wegen der Kohlebergwerke werden alle Gebäude mit Kohle beheizt, das verschmutzt die Luft enorm.

Anila & Eduart

Anila ist Pianistin und Geschäftsführerin einer Schule für behinderte Kinder. Eduart ist Geschäftsmann, zurzeit aber ohne Beschäftigung.

Shila (10) und Klark (19)

Klark ist im ersten Studienjahr an der Filmakademie in Tirana und hat schon einen ersten Kurzfilm gedreht. Sein Vorbild ist Alfred Hitchcock.

2020 **Klark (19):** Ich werde als Regisseur arbeiten und in London leben.

EU **Klark:** Jetzt haben wir in Europa Frieden, aber der Euro wird in Albanien nicht funktionieren. Unsere Wirtschaft hinkt zu sehr hinterher.

Eduart: Albanien ist der älteste Staat des Balkan. Wir sind sehr stolz auf unsere Nation und werden immer Albaner bleiben.

Anila: Albanien ist geografisch ein Teil Europas und sollte auch politisch zu Europa gehören.

UMWELTSCHUTZ **Klark:** Wir hoffen, dass sich die Regierung um die Probleme kümmern wird, denn die Albaner sind zu träge; aus eigenem Antrieb heraus wird wohl keiner etwas unternehmen ...

Anila: Wir haben Flüsse mit Wasserkraftwerken, Elektrizität gibt es genug. Was fehlt, ist ein Recyclingsystem. Außerdem kommen auch noch die Italiener und laden ihren Müll bei uns ab!

Eduart: Das Projekt eines Solarkraftwerks in der Altstadt hat eine Protestwelle unter den Einwohnern ausgelöst.

ELTERN **Klark:** Mit 14 Jahren habe ich einen Computer bekommen: Das war das schönste Geschenk, das mir meine Eltern je gemacht haben.

KINDER **Anila:** Ich bin Mutter, wenn es um Streitfragen geht: Umgang mit dem Computer, morgens spät aufstehen ... Ansonsten haben wir ein freundschaftliches Verhältnis.

2020:

EIN FREUND WÄRE NICHT SCHLECHT, ABER KEIN EHEMANN!

Alberte (15), DÄNEMAR

Stela / Yulia (19) / BULGARIEN – Stara Zagora

Alberte (15) / Anne / DÄNEMARK – Lyngby

Maria
ist sehr stolz auf ihre Palme, die aus einem vor zwölf Jahren eingepflanzten Samenkorn stammt.
Maria arbeitet als Psychologin in einer Grundschule. Sie liebt die Natur, mag Katzen und Bücher.

Elys (18)
als Schlangenbeschwörerin!
Nach Ende der Schulferien beginnt Elys ihr Medizinstudium an der Prager Universität. Bis dahin arbeitet sie als Halbtagskraft in einem Modegeschäft.

2020 **Elys (18):** Dann bin ich Schönheitschirurgin.
Maria: Ich bin Großmutter, wohne auf dem Land und besitze einen Garten und eine Menge Katzen.

EU **Elys:** Der Beitritt zur EU war eine gute Sache, aber jetzt müssen wir die Schulden von Griechenland bezahlen. Ich fühle mich nicht als Europäerin, sondern als Außerirdische!
Maria: Der kulturelle Unterschied zwischen der Slowakei und den neuen Mitgliedstaaten aus Osteuropa ist sehr groß.

UMWELTSCHUTZ **Maria:** Ich bringe alte Zeitungen und Papier zu meiner Mutter, und wir verbrennen sie im Garten. Die Asche dient als Dünger.

ELTERN **Elys:** Mit meiner Mutter ist es schwierig, weil wir nicht dieselbe Lebenseinstellung haben. Wir streiten uns jeden Tag. Sie bleibt dabei ruhig und ist sehr korrekt. Wenn sie morgens um sechs Uhr aufsteht, dann komme ich gerade von einer durchtanzten Nacht zurück ... Ich bin ein wenig so wie mein Vater, er ist Argentinier und tanzt und feiert gerne. Die Slowaken sind da sehr viel konservativer.

KINDER **Maria:** Elys hat eine starke Persönlichkeit, 40 Prozent davon hat sie von mir und 60 Prozent von ihrem Vater.

WÜNSCHE **Elys:** Ich möchte meine Mutter finanziell unterstützen und sofort eine eigene Familie gründen. Mit dem Feiern habe ich es übertrieben und in meinem bisherigen Leben auch zu viele Jungen gekannt.
Maria: Mehr Geld zur Verfügung haben, im eigenen Haus leben und Gedichte schreiben.

»**Ich tue nichts für die Rettung des Planeten, aber ich schenke den Menschen auf der Straße ein Lächeln. Vielleicht macht diese kleine Geste jemand glücklich.**« Elys (18)

NIEDERLANDE, AMSTERDAM
Die Stadt feiert die Rückkehr ihrer Helden, den Vizeweltmeistern der Fußballweltmeisterschaft

KNVB

Johanna (13)

Johanna singt, tanzt und träumt davon, einmal berühmt zu werden und in den USA zu leben. Sie interessiert sich für die Natur und möchte eines Tages arme Länder bereisen und dort Hilfsgüter und Medikamente verteilen.

Britta vor einem Bild von ihr als junges Mädchen

Britta ist Krankenschwester und arbeitet außerdem als Pressereferentin für die schwedische Krebsgesellschaft. Sie hat zwei Wünsche: Gesundheit für ihre Familie – sie sieht so viele Sterbende – und eine Reise nach Thailand: »Die Menschen dort sind entgegenkommend, das tut so gut!«

Olga mit ihrem geliebten Hund

Olga ist Friseurmeisterin und bildet in einer Friseurschule Lehrlinge aus. Sie mag Rock 'n' Roll und ist sehr stolz auf ihre Wohnungseinrichtung. »Ich hoffe, einmal in Sotschi an der Schwarzmeerküste zu leben. Außerdem möchte ich eine Weltreise machen.«

Sasha (16) ganz in Schwarz–Weiß

Saschas Hobbys sind Kino und Fotografie. Sie arbeitet in einer Public-Relations-Agentur in Moskau. »Wir reden viel miteinander, meine Mutter ist immer für mich da. Ich möchte später einmal so wie sie sein, immer bereit, anderen zu helfen.«

Paula

ist Hilfskraft in einer Grundschule.
Sie ist alleinerziehende Mutter von vier Söhnen und kümmert sich um ihre pflegebedürftigen Eltern. Sie gärtnert gerne in ihrem kleinen Garten und führt ihren Labrador spazieren.

Chris (22), Mathew (18), Jack (15) und Marc (24)

vor den Wimpeln in den Farben Englands während der Fußballweltmeisterschaft.
Jack spielt Fußball und macht einen Kochkurs in der Schule zum Vergnügen (er liebt die indische Küche). Mathew ist in der letzten Klasse. Marc hat gerade seinen Militärdienst absolviert und ist arbeitssuchend. Chris studiert im Ausland.

2020 **Mathew (18):** Ich habe dann meine Ausbildung in der Hotelfachschule beendet und arbeite in dieser Branche. Später möchte ich mal mit meiner Frau drei Kinder haben!

Paula: Ich würde gerne ein Heim für ausgesetzte Haustiere eröffnen. Und dann am Meer wohnen: Ich kann stundenlang aufs Meer schauen.

EU **Mathew:** Ich fühle mich zwar überhaupt nicht als Europäer, hätte aber große Lust, von England fortzugehen und mich in Spanien niederzulassen.

UMWELTSCHUTZ **Jack (15):** Daran denke ich später! Im Augenblick wüsste ich nicht, was ich da tun könnte.

Mathew: Mir fehlt die Motivation, mich zu engagieren. Dokumentarfilme könnten mir da vielleicht helfen.

Paula: Heutzutage kann man alles wiederverwerten, und ich mache mit. Leider gibt es dazu in unserer Umgebung keine Initiativen. Ich wünsche mir, dass die Leute nicht so egoistisch und weniger kritisch gegenüber anderen sind.

ELTERN **Jack:** Mit meiner Mutter mache ich nichts Besonderes außer Serien im Fernsehen anschauen.

Mathew: Meine Mutter ist nicht streng, sie hat Vertrauen in uns.

KINDER **Paula:** Als mich mein Mann vor drei Jahren verlassen hat, haben mir meine Kinder sehr geholfen, darüber hinwegzukommen. Jetzt sind sie fast alle erwachsen, ich mache ihnen keine Vorschriften, mein Mann war da autoritärer. Sie helfen mir gerne.

WÜNSCHE **Jack:** Be happy!

Mathew: Einmal ein guter Vater sein.

Paula: Noch einmal der Liebe begegnen!

»Wir können Strom sparen: Wir haben drei Fernsehapparate im Haus, und manchmal schauen wir alle den gleichen Sender ...« Mathew (18)

NIEDERLANDE – Amsterdam

BULGARIEN – Stara Zagora

FRANKREICH – Paris

SCHWEIZ – Ottenbach

TÜRKEI – Ataköy

FRANKREICH – Paris

BELGIEN – Wavre

NIEDERLANDE – Amsterdam

SLOWAKEI – Banska Stiavnica

SERBIEN – Belgrad

ÖSTERREICH – Senftenbach

UNGARN – Villany

»Es stimmt schon: Eine Mutter ist unersetzlich!«

Jacqueline

in Zivil, die Charmeoffensive der Armee!
Jacqueline stammt aus dem Senegal, ihr Vater ist Franzose und ihre Mutter Senegalesin. Ihr Traum war es, Militärärztin zu werden, aber schließlich wurde sie Mitglied der Truppe. Heute ist sie als Stabsfeldwebel des Heeres ins Außenministerium abgeordnet. Sie ist zweifache Witwe und erzieht ihre Kinder allein.

Andréa-Laure (18) und Jean-Mayero (10)

Andréa-Laure studiert im ersten Studienjahr Jura und hofft, später einmal Auktionatorin zu werden. Sie liebt Schuhe und Hüte und tanzt klassisches Ballett seit ihrem achten Lebensjahr. Jean-Mayero behauptet von sich, ein »brillanter Schüler« zu sein. Er träumt davon, ein großer Fußballspieler zu werden. Falls das nicht klappen sollte, alternativ Veterinär oder Arzt.

2020 **Jean-Mayero (10):** Da werde ich noch bei meiner Mutter wohnen, aber mit 21 nehme ich mir ein nettes kleines Apartment. Später, mit 28 bis 30 Jahren, habe ich drei oder vier Kinder.

Jacqueline: Ich bin dann noch im Dienst, aber mit 56 gehe ich in den Ruhestand. Dann mache ich eine Weltreise, ruhe mich aus, entspanne mich beim Yoga und lerne Klavier. Außerdem kümmere ich mich ehrenamtlich um Kinder und alte Leute. Paris bleibt Paris, deshalb werde ich immer hierher zurückkommen. Ich bin eine 100-prozentige Pariserin!

UMWELTSCHUTZ **Andréa-Laure (18):** Das ist ganz, ganz wichtig! Jeden Tag verschwinden 60 Pflanzenarten von der Erde. Ich trenne daheim den Müll und ich benutze öffentliche Verkehrsmittel.

Jacqueline: Ich bin voll und ganz dafür, aber in der Welt, in der wir leben, ist das reine Utopie. Nicht alle Leute tun genug für den Umweltschutz. Und es bleibt alles Rhetorik, wenn die großen Staaten wie die USA, China und Indien nicht mitziehen.

ELTERN **Andréa-Laure:** Mama ist so liebenswürdig. Ich werde ihr bei der Kindererziehung niemals das Wasser reichen können. Sie ist mein Vorbild im Leben!

Jean-Mayero: Manchmal schreit meine Mutter ziemlich laut … Ich werde mit meinen Kindern lässiger umgehen.

KINDER **Jacqueline:** Wir sind eine tolle kleine Familie, die »United Colors of Benetton«, wie uns meine Freunde manchmal nennen. Meine Kinder haben viel Liebe füreinander, wir haben alle ein inniges Verhältnis zueinander. Aber mit 21 Jahren ist die Zeit gekommen, den Schritt ins eigene Leben zu wagen, sonst setze ich sie vor die Tür!

WÜNSCHE **Jacqueline:** Wenn alle mehr Toleranz und Demut zeigten, wäre die Welt fast vollkommen!

»Ich sehe mich ohne Ehemann, ohne Kinder, ohne Fesseln, unabhängig, und ich werde schon lange von zu Hause ausgezogen sein!« Andréa-Laure (18)

Emir (17) und Emina (16) vor ihrem Elternhaus

Emina kam gerade von einem Schuljahr in den USA zurück. Emir hat das Abitur gemacht und will in Deutschland Sozialwissenschaft studieren. Er treibt viel Sport und begeistert sich seit neuestem für die Feinbäckerei!

Sadik & Indira, die mit ihren Haaren (vergeblich) versucht, seinen kahlen Kopf zu bedecken

Indira hat ihren Doktor in Pharmazie gemacht und besitzt mehrere Apotheken in Tuzla. Sadik ist Chirurg und möchte sein großräumiges Haus zu einer Privatklinik ausbauen.

2020 **Emina (16):** Ich helfe überall in der Welt notleidenden Menschen, wie beispielsweise in Somalia. Ich bin noch ohne Familie und stelle mich ohne fremde Hilfe dem Leben und seinen Herausforderungen.

Emir (17): Nach meinem Studium in Deutschland kehre ich nach Bosnien zurück und helfe bei der Entwicklung meines Landes.

Sadik: Ich eröffne eine eigene Klinik mit dem Gedanken, dass eines meiner Kinder mit mir zusammenarbeitet.

Indira: Ich eröffne weitere Apotheken in der Hoffnung, dass meine Kinder mitarbeiten.

EU **Emir:** Die EU ist die wichtigste Perspektive für unser Land. Wir sind ja jetzt schon ein multikulturelles Land: Mein bester Freund ist Kroate und Katholik, andere Freunde sind Serben, und wir sind bosnische Muslime. Das alles spielt überhaupt keine Rolle.

Sadik: Bosnien gehört zu Europa, und eines Tages sind wir sicher Mitglied der EU. Ich hoffe, dass die junge Generation künftig völlig frei leben, studieren und reisen kann.

UMWELTSCHUTZ **Emina:** Wir haben am Wochenende ein Nachbarschaftstreffen, bei dem es um die Müllbeseitigung in unserem Stadtviertel geht. Für die Straßenreinigung sind wir schon mehrere Personen.

Sadik: Recycling gibt es hier überhaupt nicht, weil die Infrastruktur fehlt. Im Garten haben wir aber einen Kompost.

ELTERN **Emina:** Das Verhältnis zu meiner Mutter wird immer besser, aber wenn ich eigene Kinder habe, spreche ich mehr mit ihnen, um sie besser zu verstehen.

Jan & Inger beschäftigen sich mit den Plänen für ihr zukünftiges Haus auf dem Land

Jan ist Bauingenieur. Inger ist Lehrerin für Design in einer Berufsfachschule. Mit Leib und Seele setzen beide sich für die Pfadfinderbewegung ein und haben im letzten Sommer ein Treffen von 20 000 Pfadfindern aus der ganzen Welt organisiert.

Rune (20), Jacob (24) und Line (18) sind Pfadfinder, seit sie laufen können

Line ist in der Abschlussklasse. Rune singt in einem Gospelchor in der Kirche.

2020 **Rune (20):** Ich werde Schriftsteller sein und Meisterwerke verfassen!
Line (18): Ich bin Erzieherin im Bereich der Jugend- und Heimerziehung.

MWELTSCHUTZ **Line:** In den Geschäften gibt es zu viele Plastiktüten.
Rune: Die Verpackung von Kaugummis ist übertrieben.
Jan: Für unser zukünftiges Haus haben wir umweltgerechtes Material verwendet und eine Wärmepumpe installiert. In meinem Beruf wird die Art und Weise der Energieeinsparung zum Dreh- und Angelpunkt.

EU **Line:** Die EU müsste mehr für die ärmeren Länder tun. Wir haben so viel Geld, das wir nicht brauchen.

ELTERN **Rune:** Ich werde es meinen Kindern überlassen, ob sie beim Fahrradfahren einen Helm tragen wollen oder nicht. Bei mir war das ein langer Kampf. Ich dachte: »Du machst dich mit so einem Ding lächerlich. Was sollen wohl die Mädchen denken ...« Meine Mutter diskutiert mir zu viel, da ist mein Vater ganz anders. Er ist so wie ein Plüschbär, den man gerne auf seinem Bett liegen hat.
Line: Meine Eltern schreiben uns nicht viel vor, man muss alles selbst herausfinden. Ich fühle mich schon ein wenig allein gelassen. Meinen Kindern gebe ich später mehr Ratschläge.

KINDER **Inger:** Wir sind auch mal ihre Freunde, wenn wir verreisen oder Ski laufen – aber wir bleiben doch immer ihre Eltern.

WÜNSCHE **Rune:** Glücklich sein, dann kann man alles machen.
Jan: Einen Wohnwagen für die Sommerzeit kaufen und den Winter in unserem Haus auf dem Land verbringen.

Sevinc

lässt sich mit ihren Lieblingsgemälden fotografieren.
Sevinc ist Gemüsebäuerin. Sie beliefert die Istanbuler Restaurants mit Salat von ihren Feldern in der Gegend von Antalya. Sie kocht und malt gerne.

Ece (20) und Selin (25)

Ece studiert Werbung mit dem Wahlfach Film und Fernsehen. Sie dreht für ihre Hochschule gerade ein Video, zu dem sie das Drehbuch geschrieben hat und das sie auch selber schneiden muss.

2020 **Ece (20):** Mich interessieren zwar die psychologischen Aspekte der Werbung, aber ich werde doch eher für das Fernsehen oder den Film arbeiten, weil ich sie ästhetisch reizvoller finde.
Sevinc: Ich möchte mehr malen.

UMWELTSCHUTZ **Ece:** Dafür mache ich zurzeit nicht viel. Sobald ich aber in der Werbung oder beim Film arbeite, kann ich die Leute schon mehr motivieren.
Sevinc: Ich trenne den Müll und versuche so wenig Abfall wie möglich zu produzieren; Plastiktüten der Supermärkte kommen für mich nicht infrage. Ich wäre gerne Mitglied eines Umweltschutzverbandes, um die Menschen für Umweltprobleme stärker zu sensibilisieren.

EU **Sevinc:** Die Türkei könnte der EU auch beitreten, ohne jede einzelne Bedingung oder Vorschrift akzeptieren zu müssen.

ELTERN **Ece:** Seit anderthalb Jahren hören wir einander wieder mehr zu und verstehen uns besser. Natürlich kritisiere ich meine Mutter, stelle aber immer mehr fest, dass wir uns ähnlich sind. Ihre Jugendzeit war sicherlich interessanter, man musste sich damals ganz anders einbringen. Heute, mit dem Internet, scheint alles leichter erreichbar zu sein.

KINDER **Sevinc:** Ece ist großherzig und sensibel, aber auch sehr eigenwillig.

WÜNSCHE **Sevinc:** Ich hätte gerne einen Partner.

»In die Europäische Union sollte die Türkei lieber nicht eintreten. Sie ist so anders, dass sie die übrigen Mitgliedstaaten destabilisieren könnte, die genug eigene Probleme ohne uns haben.« Ece (20)

UKRAINE, LVIV
Damenbeine in Miniröcken und High-Heels

Valérie & Jean-Pascal in ihrem Landhaus

Jean-Pascal dreht und produziert Animationsfilme für die pharmazeutische und biotechnologische Industrie. Sein Hobby sind schöne Bücher. Valérie ist Geschäftsführerin der Firma und vermarktet die Kreativität ihres Ehemannes.

Boris (14) und Sophie (16), die für ein Garagenfoto überredet werden mussten

Sophie will Jura studieren, eine Journalistenschule besuchen und dann ein Jahr im Ausland verbringen, am liebsten in den USA oder Indien. Boris möchte einmal Hotelier werden. Diesen Traum verfolgt er seit seinem zehnten Lebensjahr. Er treibt verschiedene Sportarten: »Wakeboard«, Golf, Tennis und Motocross.

Boris (14) und Sophie (16)
Valérie & Jean-Pascal

»Ich werde meiner Tochter einmal mehr Freiheiten lassen – das hoffe ich wenigstens!« Sophie (16)

2020 **Sophie (16):** Da bin ich noch im Studium.
Boris (14): Ich habe mein Hotel: einen Palast, etwas ganz Besonderes. Und ich eröffne ein anderes Hotel in der Mongolei. Ich habe einen Dokumentarfilm über dieses Land gesehen und glaube, dass ich dort einmal etwas aufbauen werde.

UMWELTSCHUTZ **Sophie:** Wir leben in einer Epoche des wirtschaftlichen, sozialen und kulturellen Wandels. Wir müssen ein Modell nachhaltigen Wirtschaftens entwickeln, andernfalls werden sich die Staaten der Dritten Welt erheben.
Boris: Dafür strengt sich doch keiner richtig an. Also mache ich das auch nicht. Klar ist es gut, neue Energiequellen zu erschließen, aber dann müssen auch alle mitmachen. Ich jedenfalls werfe meinen Abfall immer nur in den Abfalleimer!
Jean-Pascal: Natürlich ist es wichtig, sinnlose Verschwendung zu vermeiden, aber man darf daraus keine neue Religion oder eine fundamentalistische Ideologie machen. Ich lehne jede Art von Fundamentalismus ab. Ist es etwa vernünftig, alle Felder mit gentechnisch veränderten Pflanzen zu zerstören, wenn wir mit ihnen vielleicht einmal die Ernährung auf der Erde sicherstellen können? Alle wollen eine nachhaltige Entwicklung, aber man darf über der Nachhaltigkeit nicht die Entwicklung vergessen.

EU **Jean-Pascal:** Anfangs stand ich der EU sehr positiv gegenüber, aber die rasche Erweiterung und die wachsenden Unterschiede zwischen den Mitgliedstaaten sind der Union nicht förderlich. Sie wird zu einer Freihandelszone verwässert, ohne dass es zu einer echten Einigung kommt. Dazu ist eine Einheitssprache unumgänglich und das wird Englisch sein. Solange es keine gemeinsame europäische Fußballmannschaft gibt, werden die Leute nicht verstehen, worum es wirklich geht!

KINDER **Valérie:** Ich verbringe viel Zeit mit Sophie: Wir gehen zusammen ins Fitnesstraining. Wir schauen uns Filme an und reden darüber. Ich bin ihr mehr Freundin als Mutter.
Jean-Pascal: Boris durchläuft zurzeit seine »Herdenphase«, er folgt seinem Instinkt. Ich bemühe mich, tolerant zu sein und ihm gewisse Werte mitzugeben, die meiner Ansicht nach in unserer Kultur nicht mehr die ihnen gebührende Rolle spielen. Wir reden über Bücher, wir gehen ins Theater, aber alles ohne Zwang. Ich glaube, dass das nach und nach Wirkung zeigen wird.

WÜNSCHE **Sophie:** Mädchen sollten genauso behandelt und beurteilt werden wie Jungen. Bis jetzt haben sie es in dieser Hinsicht deutlich schwerer!

Joanna & Andrzej

vor ihrem künftigen Haus (rechts) und dem Haus von Andrzejs Eltern (links).

Joanna ist Köchin in einem nahe gelegenen großen Restaurant mit französischer Küche, Andrzej ist Bauarbeiter und zurzeit arbeitslos. Ihm ist alles recht, solange er sein Haus mit der Unterstützung von Freunden und Nachbarn fertig bauen kann.

Kasia (8) und Anna (15)

mit Hund und Katze.

Anna besucht die Realschule und praktiziert Modern Dance.

2020 **Anna (15):** Dann bin ich Lehrerin. Ich werde zwar nicht auf dem Land wohnen, aber in Polen bleiben.

Joanna: Hoffentlich ist unser Haus dann endlich fertig.

EU **Anna:** Das interessiert mich eigentlich nicht.

Joanna: Was uns betrifft, so sehen wir nicht viele Vorteile. Wir haben zwei Jahre in England gearbeitet. Kasia war bei uns, Anna musste wegen der Schule hier bei den Großeltern bleiben.

UMWELTSCHUTZ **Anna:** Die Wiederverwertung ist wichtig; wir trennen zu Hause den Müll, und der Umweltschutz liegt mir am Herzen.

Joanna: Für die Mülltrennung nehme ich verschiedene Mülleimer, aber viel Platz haben wir nicht, und daher ist es nicht leicht. Beim neuen Haus wollen wir ökologische Einrichtungen installieren wie beispielsweise Sonnenkollektoren, aber das ist eine Geldfrage, denn diese Dinge sind in Polen sehr teuer.

ELTERN **Anna:** Meine Mutter arbeitet die ganze Zeit, ich sehe sie kaum. Mit meinem Vater diskutiere ich oft bei einer Tasse Tee. Wenn ich einmal Mutter bin, werde ich mir mehr Zeit für meine Kinder nehmen.

KINDER **Joanna:** Als wir in England waren, musste Anna ohne uns auskommen, was sehr hart für sie war. Jetzt blüht sie wieder auf. Ich koche gerne mit ihr zusammen, wir machen Pläne für das neue Haus, für die Farben und die Raumgestaltung. Aber sie hat sich angewöhnt, einfach an meine Garderobe zu gehen, was mich ziemlich ärgert. Kaum habe ich ein neues Kleidungsstück, nimmt sie es mir heimlich weg!

WÜNSCHE **Anna:** Ich wünsche mir eine Arbeit, bei der ich mit Kindern zu tun habe.

Joanna: Als Erstes möchte ich mit der ganzen Familie eine große Bergwanderung machen.

Andrzej: Ich bleibe lieber daheim und schaue mir im Fernsehen eine Sendung auf Discovery Channel an!

»Ich mag es nicht, wenn die Leute Plastikflaschen in ihrem Garten verbrennen!«
Anna (15)

Manuela

vor ihrem blumengeschmückten Hauseingang.
Manuela erzieht ihre beiden Töchter allein. Sie ist Saisonarbeiterin in der Landwirtschaft, kümmert sich um das Vieh, hilft bei der Heuernte ... Sie arbeitet auch zur Aushilfe in einem Altersheim und putzt in Haushalten.

Andreia (19) und Maria (21)

Im größten Zimmer (sechs Quadratmeter) des Hauses.
Maria und Andreia machen die gleiche Ausbildung, sie lieben Kinder und möchten Kinderkrankenschwestern werden. Sie haben zwei Meerschweinchen, zwei Hunde und vier Katzen. Maria fährt gerne Fahrrad und spielt mit ihren Freundinnen Fußball.

2020 **Maria (21):** Ich werde zwei Kinder haben und in einer Kita arbeiten.
Andreia (19): Ich werde an irgendeinem Strand in Brasilien sein.

UMWELTSCHUTZ **Andreia:** Auf der Straße sammle ich leere Plastiktüten und Bierflaschen auf und werfe sie den nächsten Abfalleimer. In unserem Garten bauen wir ohne Kunstdünger Kartoffeln, Salat und Bohnen an.
Maria: Ich mache im Wald kein Feuer. Wir haben hier mehrere verheerende Waldbrände erlebt. Was mich aber am meisten beunruhigt, das sind die Chemikalien, die in der Industrie benutzt und dann in die Natur abgeleitet werden.
Manuela: Ich achte die Natur. Wir müssen sie pflegen, um gute Ernten und Futter für das Vieh zu bekommen.

EU **Manuela:** Ich weiß über die EU nicht Bescheid, ich habe keine Zeit, mich zu informieren. Ich gehe früh zu Bett, weil ich früh aufstehen muss.

ELTERN **Andreia:** Ich rede mit meiner Mutter über alles. Aber es gibt auch Streit, wenn ich den Hof fegen und die Ställe für Kaninchen und Hühner säubern soll.

KINDER **Manuela:** Ich habe viele Sorgen, denn ich verdiene nicht viel Geld. Meine Töchter schließen bald ihre Ausbildung ab, dann müssen sie eigenes Geld verdienen. Beide sind sehr verschieden, aber keine hilft mir, wenn ich sie brauche ...

WÜNSCHE **Andreia:** Ich möchte heiraten, Kinder haben und irgendwo in der Nähe eines Strandes wohnen.

»Ich möchte mit jemandem zusammenleben, ohne verheiratet zu sein, und auf dem Land wohnen. Ja, und mit dem besten Fußballspieler Portugals zum Essen gehen.«
Maria (21)

DIE **LÄNDER**
EUROPAS
SCHAUEN
AUF DICH
HERAB,
WENN DU AUS
EINEM ARMEN
LAND KOMMST.

Ornella (16), Österreich

Leonie (15), Louis (9), Linus (17), Lisa (21) / Martin & Gabi / DEUTSCHLAND – Odenthal

Isabelle & Richard / Dorothee (4), Deborah, (14) Ornella (16), Jeremie (7) / ÖSTERREICH – Ried

Michéal & Mary

vor ihrem Toyota (Baujahr 84), der laut Michéal das gleiche Alter wie seine ältere Tochter habe, aber viel billiger in der Haltung sei.
Sie sind seit 30 Jahren verheiratet und bewirtschaften einen Bauernhof mit Ferienpension sowie ein Bed & Breakfast im Dorf. Mary gärtnert gerne und pflegt den traditionellen irischen Volkstanz.

Michael (19)

mit »Blanchette«, dem Maskottchen des Bauernhofs.
Er studiert in Dublin und will einmal Grundschullehrer werden. An den Wochenenden und in den Ferien hilft er seinen Eltern auf dem Bauernhof. Er spielt gälischen Fußball, eine Mischung aus Fußball und Rugby.

2020 **Michael (19):** Ich werde Lehrer sein und hoffe, bis dahin eine Familie mit einem oder zwei Kindern zu haben.
Michéal: Wir werden weiterhin den Bauerhof mit allem Vieh haben, den Schafen, Ziegen, Kühen, Ponys, Enten, Gänsen und Hühnern, und einen großen Gemüsegarten dazu. Ich hoffe, dass mein Sohn den Hof einmal übernehmen wird.
Mary: Für die Zukunft erträume ich mir, dass ich das Leben so nehme, wie es kommt, und mir weniger Sorgen um den Alltag mache.

EU **Michael:** Ich fühle mich eher als Ire.
Michéal: Die EU möge in Frieden weiter bestehen. Aber die EU-Bürokratie und die vielen Vorschriften machen es einem Landwirt nicht gerade leicht.

UMWELTSCHUTZ **Michael:** Für mich gibt es Wichtigeres.
Michéal: Wir tun was wir können. Ich wüsste nicht, wie wir noch mehr tun könnten. Wir würden gerne ein Windrad aufstellen, aber das Genehmigungsverfahren ist lang und kompliziert.
Mary: Wir haben vor, unseren Agrotourismus weiter auszubauen und für die Unterkünfte Sonnenkollektoren und Wärmedämmung zu installieren.

KINDER **Michéal:** Wir streiten uns nie. Ich mache ihm auch keine Vorschriften, denn im Jugendalter kommt es allein auf die Motivation an.
Mary: Zurzeit bin ich auf meinen Sohn sehr stolz, denn er leitet ein Ferienlager, wie es früher seine Schwester getan hat.

»Ich komme gut mit meinem Vater aus. Wir gehen zusammen in den Pub, trinken ein Bier und spielen Karten. Meine Mutter aber stellt mir zu viele Fragen.«
Michael (19)

Jakubas (9) und Kotryna (14) in ihrem gemeinsamen Zimmer

Kotryna ist Gymnasiastin, sie singt und tanzt in einer Volkstanzgruppe.

Arunas & Diana

Diana ist katholische Religionslehrerin. Arunas arbeitet auch nach der Schließung des AKW weiterhin dort als Wachmann. Diese Schließung w eine Bedingung für die Aufnahme Litauens in die E

2020 **Kotryna (14):** Ich studiere dann Mathematik und Rechtswissenschaften in Vilnius. Ich möchte Anwältin werden oder in die Politik gehen.

Diana: Ich werde mich in einem christlich-karitativen Verein engagieren.

EU **Diana:** Seit das Atomkraftwerk abgeschaltet wurde, fühlen wir uns als Europäer.

UMWELTSCHUTZ **Kotryna:** In der Schule gibt es eine Umweltschutzgruppe, bei der ich mitmache. Wir geben unsere Ideen an die jüngeren Schüler weiter. Wenn ich einmal Anwältin bin, kann ich Umweltbelange vor Gericht vertreten.

Arunas: Vor der Schließung des AKWs war die Luftverschmutzung geringer. Jetzt müssen alle Gebäude mit Öl oder Kohle geheizt werden.

ELTERN **Kotryna:** Meine Eltern geben mir Geld, wenn ich gute Noten nach Hause bringen. Leider ist das nicht oft der Fall, und das ärgert sie. Wenn ich einmal selbst Kinder habe, werde ich sie damit anspornen, dass ich ihnen sage, alles, was sie in der Schule lernen, dient ihrer Zukunft.

WÜNSCHE **Kotryna:** Ich hatte gerade Geburtstag, und meine Wünsche sind in Erfüllung gegangen. Wenn ich könnte, würde ich mit der ganzen Familie nach Afrika reisen.

Arunas: Dass es in Zukunft nicht schlimmer wird, als es jetzt schon ist.

Sanja & Miso

Sanja ist Hochschuldozentin und Übersetzerin. Sie unterrichtet Russisch und Philosophie. Miso ist Ökonom und hat schon in der ehemaligen Sowjetunion, in Afrika und der USA gelebt und gearbeitet.

Alba (12)

Alba zeichnet, spielt Gitarre und tanzt Hip-Hop.

2020 **Alba (12):** Ich bin dann Englisch- oder Spanischlehrerin und lebe vielleicht in Utah. Denn dort drüben bin ich geboren.
Miso: Wir haben einen Olivenhain an der Adriaküste, wo wir unser eigenes Öl herstellen. Ich würde mich gerne mehr darum kümmern.

EU **Alba:** Ich verstehe nicht viel von Politik, aber ich würde gerne meine Kenntnisse in der Geschichte und den verschiedenen Sprachen Europas vertiefen.
Miso: Die EU hat einen Fehler gemacht, als sie Staaten aufgenommen hat, die weniger für den Beitritt qualifiziert waren als wir. Die Geschichte Kroatiens ist untrennbar mit Europa verbunden.

MWELTSCHUTZ **Alba:** Wenn es zu einer Ölpest kommt, haben die Leute keine Angst, weil sie denken, dass nur Meerestiere betroffen sind; dabei merken sie nicht, dass das ganze Ökosystem geschädigt wird. Ich könnte mir vorstellen, eine Gruppe zu gründen, die Aufklärungsarbeit leistet.
Miso: Wir müssen noch viel lernen.
Sanja: Wir stehen ganz am Anfang des Recyclings. Immerhin haben wir auf unserem Sommerhaus schon Sonnenkollektoren installiert.

ELTERN **Alba:** Meine Mutter weiß, wann sie locker mit mir sein kann und wann sie streng werden muss ... Ich helfe meinem Vater bei der Gartenarbeit, das ist sein Hobby.

KINDER **Sanja:** Was mir Sorgen macht, ist unser Schulsystem mit seinem hohen Leistungsdruck und seinem Wettbewerb.

Leos & Anne

auf dem großen Zentralplatz von Pilsen, wo sich auch ihr Restaurant befindet.
Anne, die aus Frankreich stammt, und Leos führen gemeinsam das Restaurant »La Tartelette«. Früher hat Leos in der Automobilfabrik Škoda gearbeitet, die zusammen mit der Brauerei Pilsner Urquell das Aushängeschild der Stadt war.

Paul (17) und Noé (13)

auf dem Dachboden mit ihrem Unihockeyschläger.
Sie spielen beide Unihockey. Paul trainiert sechsmal pro Woche in seinem Verein und hat keine Zeit mehr für die Musik. Noé dagegen spielt Gitarre und Schlagzeug.

2020 **Paul (17):** Ich bin dann Journalist, vielleicht auch Sportkommentator im Rundfunk oder Fernsehen.
Noé (13): Ich bleibe in Pilsen und befasse mich mit Sprachen oder der Geschichte, zwei Wissensgebieten, die ich besonders mag.
Leos: Ich möchte den Beruf wechseln. Ein Restaurant ist Arbeit rund um die Uhr. Aber mit drei Kindern und in der gegenwärtigen Wirtschaftslage ist das unmöglich.

EU **Leos:** Seit der Mitgliedschaft der Tschechischen Republik in der EU hat der Druck zugenommen; wir müssen mehr Geld erwirtschaften, und zwar schnell.
Anne: Ich war schon immer skeptisch; nach meinem Eindruck wollen die Menschen lieber in kleineren Gemeinschaften leben mit überschaubaren Grenzen.

UMWELTSCHUTZ **Noé:** Wir sind noch zu jung, um mitzumachen. Aber allein kann ich die Welt nicht retten. Da müssen alle mitmachen.
Leos: Pappe und Flaschen landen zusammen in einem Müllbehälter. Das schafft Arbeitsplätze für die Rumänen, die den Müll trennen. Was für eine Ausrede!
Anne: Es ist nicht immer leicht, für das Restaurant hochwertige oder biologisch angebaute Produkte zu finden.

ELTERN **Noé:** Ich mag es nicht, wenn meine Mutter tschechisch spricht. Sie kann es nicht richtig, und wir schämen uns deswegen. Man könnte glauben, mein Vater sei noch ein Jugendlicher, oft benimmt er sich so wie ich.

KINDER **Anne:** Sie sind beide in einem Alter, in dem sie kaum mit uns sprechen. Ich habe aber auch das Gefühl, dass ich das Heranwachsen meiner Kinder gar nicht bemerkt habe. Noé bewundert seinen Bruder über alle Maßen, aber mir wäre es lieber, wenn er sich von ihm abgrenzte und nicht in seinem Schatten lebte.
Leos: Unser Tagesablauf lässt es nicht zu, dass wir gemeinsam viel unternehmen. Ich bedauere das. Vor einer Woche habe ich mit Paul in Mailand ein Fußballspiel angeschaut. Das war meine erste Reise mit ihm.

WÜNSCHE **Paul:** Ich wünsche mir eine interessante Arbeit.
Anne: Ich möchte nach Frankreich zurückkehren, aber das ist wohl unrealistisch.
Leos: Ich wünsche mir, dass Pilsen die Champions League gewinnt.

»Ich werde in der Schweiz leben: Das ist ein sehr schönes Land, und es gibt dort Unihockeyvereine.«

Paul (17)

Oksana

in ihrem Geschäft.
Oksana ist alleinerziehende Mutter und sehr aktiv. Sie interessiert sich für Raumausstattung und hat soeben ein eigenes Möbelgeschäft in einem Vorort von Lviv eröffnet.

Julia (20) und Oleg (16)

vor der Militärschule, die Oleg besucht.
Oleg hat vor kurzem beschlossen, das Gymnasium zu verlassen und für zwei Jahre auf die Militärschule zu gehen. Julia hat Englisch und Internationale Beziehungen studiert. Jetzt arbeitet sie im Möbelgeschäft ihrer Mutter.

2020
Oleg (16): Ich werde Armeeoffizier sein.
Julia (20): Ich habe mein eigenes Geschäft hier in Lviv.
Oksana: Ich bin eine erfolgreiche Geschäftsfrau und eröffne Filialen meines Möbelgeschäfts. Eines Tages möchte ich auch im Tourismusbereich arbeiten.

EU
Julia: Weder unsere Regierung noch unser Präsident entsprechen den Anforderungen der EU. Deshalb gibt es für uns keine Möglichkeit eines Beitritts.
Oksana: Die Ukraine hat noch einen langen Weg vor sich, ehe sie Mitglied der EU ist. Die Ukrainer sind dafür psychologisch noch nicht vorbereitet, auch wenn unsere Wirtschaft die Richtlinien der EU erfüllt.

UMWELTSCHUTZ
Julia: Wir haben hier herrliche Gegenden, aber nur wenige kümmern sich um dieses Naturerbe.
Oleg: Ich möchte bei der Aufforstung des Landes mitarbeiten. Jahrelang wurden unsere Wälder verwüstet.
Oksana: Der Umweltschutz muss einen größeren Stellenwert bekommen, und die Wiederverwertung ist eine gute Idee, aber die Einführung alternativer Energien ist einfach zu teuer. Unsere Industrieanlagen sind veraltet und brauchen eine Modernisierung, um wettbewerbsfähig zu werden.

ELTERN
Julia: Ich arbeite mit meiner Mutter zusammen, aber es ist nicht einfach, die eigene Mutter als Chefin zu haben. Sie ist sehr autoritär und entscheidet alles allein.

KINDER
Oksana: Mein Sohn ist noch ein Jugendlicher, hält sich aber schon für erwachsen und hört nicht mehr auf mich. Er macht, was er will. Leider sehen wir uns nur selten, weil ich viel arbeite. Ich hätte gerne mehr Zeit, um mit ihm zu sprechen. Meine Tochter arbeitet in meinem Geschäft. Ich bin ihre Chefin und behandle sie wie eine Angestellte. Aber ich habe das Geschäft eröffnet, damit sie es später übernehmen kann.

WÜNSCHE
Julia: Ich möchte nach Sri Lanka reisen.
Oleg: Meinen Schulabschluss machen und dann studieren.

»Ich würde den Müll ja gerne trennen, aber wir haben dafür keine eigenen Mülltonnen.«

Julia (20)

BUKAREST, RUMÄNIEN
Schaufensterbummel in Bukarest

GALLERY
GN
6.

Cornelia & Manfred

in ihrem Wintergarten, der auch als Musikzimmer dient. Manfred restauriert alte Möbel und Bilder. Bei seinen eigenen Werken arbeitet er mit Tadelakt, einem marokkanischen Kalkputz, mit dem man früher die Wände von Dampfbädern verzierte. Er spielt Cello und Gitarre. Cornelia arbeitet halbtags in der Therme Geinberg.

Jakob (15) und Paula (13)

Jakob spielt Cello und bereitet sich auf die Berufsbildende Höhere Schule vor. Paula singt in einem Chor.

2020 **Jakob (15):** Ich möchte Systemanalytiker werden.
Cornelia: Ich will Lateinamerika und Osteuropa kennenlernen.
Manfred: Ich werde dann immer noch in diesem Dorf arbeiten, das dank seiner Therme bis dahin sicher größer und schöner wird.

UMWELTSCHUTZ **Paula (13):** Ich trenne den Müll und würde auch weniger Schokolade kaufen.
Jakob: Ich weiß nicht so recht, was ich tun soll ...
Manfred: Wir waren die Ersten im Ort, die Sonnenkollektoren installierten. Es gibt ein heikles Thema in unserer Region: Sollten die Deutschen wirklich nahe an der Grenze ein Atommülllager bauen, werde ich demonstrieren.
Cornelia: Wir besitzen ein Waldstück, das uns das ganze Brennholz für den Winter liefert.

EU **Jakob:** Das ist schon toll, dass man an der Grenze keinen Pass mehr braucht; so kann ich mir in der Pause in Deutschland etwas zu essen kaufen, denn es gibt ganz in der Nähe einen guten Metzger.
Manfred: Ich habe dagegen gestimmt. Große Staatengebilde können sehr schnell auseinanderfallen.
Cornelia: Wegen der Globalisierung gehen die Traditionen und Sprachen der einzelnen Regionen verloren. Das ist wirklich schade!

ELTERN **Paula:** Konflikte gibt es eigentlich keine, eine Ausnahme ist das Telefon. Da ich meistens sehr lange mit meinen Freunden rede, regt sich meine Mutter ziemlich auf und wird böse. Aber sonst reden wir über alles.
Jakob: Meine Eltern sind nicht besonders streng. Eine Regel wird aber strikt befolgt: Im Haus müssen wir die Schuhe ausziehen.

KINDER **Manfred:** Wir musizieren und singen zusammen. Kürzlich habe ich mit Jakob eine Reise in die Türkei gemacht, und dabei sind wir einander näher gekommen.
Cornelia: Eine Zeit lang war Jakob sehr verschlossen und hockte stundenlang vor dem Computer, aber jetzt spricht er wieder mit uns.

WÜNSCHE **Cornelia:** Ich möchte gerne andere Sprachen lernen, etwa Griechisch oder Arabisch.
Manfred: Eine Ausstellung meiner Bildtafeln aus Tadelakt machen.

»Meine Kinder werden einmal mehr Taschengeld bekommen!«
Paula (13)

Gérard & Magali in ihrem winterlichen Garten

Gérard ist Krankenpfleger. Magali hilft im Herbst bei der Weinlese und kümmert sich um ihre Kinder. Die ganze Familie macht regelmäßig Ausflüge in die Berge, kampiert im Schnee und praktiziert Qigong.

Boris (15) und Samuel (14) wollten unbedingt in »ihrem« Baum fotografiert werden

Samuel möchte Bergführer oder Pistenwart in den nahen Pyrenäen werden,
Boris möchte das Gleiche machen, aber im Himalaja.

Maaike in ihrem Laden »House of Love«

Sie führt in Amsterdam zwei Läden für Accessoires und Spielzeug. Der eine Laden ist für Kinder, der andere bietet alles zum Thema Liebe als Einladung, das Leben leichter zu nehmen. »Mein Sohn hat ein feines Gespür für die kleinen Dinge, die das Leben lebenswert machen«, meint sie.

Yavid (17) beim Spitzentanz

Er geht aufs Gymnasium und nimmt Ballettunterricht (klassisches Ballett, Modern-Jazz, Hip-Hop, House, Street-Dance). »Meinen Vater bekomme ich nie zu Gesicht. An meiner Mutter mag ich, dass sie anzieht, was ihr gefällt, dass sie sagt, was sie denkt, und dass sie tut, was sie will. Ich versuche ihr da nachzueifern, aber so richtig klappt es noch nicht.«

ALBANIEN – Tirana

UKRAINE – Kosiv

SCHWEDEN – Drottningholm

FRANKREICH – Villeneuve-sur-Lot

UKRAINE – Lviv

NIEDERLANDE – Beesd

TSCHECHISCHE REPUBLIK – Zderaz

SCHWEDEN – Mölle

DEUTSCHLAND – Essen

DEUTSCHLAND – Oberhausen

NIEDERLANDE – Amsterdam

RUMÄNIEN – Sacele

»Glaube immer daran, dass ein Zusammenleben auf dieser Erde möglich ist.«

Matilde

Sie ist Kunsthistorikerin für Christliche Kunst und Spezialistin für die Darstellung von Priesterinnen vom 13. bis 15. Jahrhundert. Sie ist auch Videodokumentarfilmerin; ihre Themen sind die Senioren sowie Dreharbeiten bei Filmen und Konzerten. Seit sechs Jahren ist sie alleinerziehende Mutter einer Tochter und älterer Zwillinge.

Camilla (18)

wollte sich lange nicht fotografieren lassen. Sie geht gerne in Konzerte und Ausstellungen.

2020 **Camilla (18):** Mein Mathematikstudium habe ich dann beendet, ich unterrichte an der Universität und bleibe in der Forschung. Ich möchte vier Kinder haben und in Deutschland leben.

Matilde: Ich werde noch mehr Dokumentarfilme drehen.

EU **Camilla:** Ich fühle mich der ganzen Welt zugehörig, nicht bloß Europa.

Matilde: Die EU weitet unseren Blick für die Nachbarstaaten, das ist doch eine schöne Zukunftsperspektive.

UMWELTSCHUTZ **Camilla:** Die gegenwärtige Lage ist unbefriedigend, aber ich bin nicht motiviert, dafür auch nur einen Finger zu rühren.

Matilde: Über die Verschmutzung unserer Stadt durch den Verkehr habe ich einen Dokumentarfilm gedreht, aber das hat nichts geändert. Unser Land investiert kein Geld in die Entwicklung sauberer Energien. Mein Vertrauen in die Politiker ist längst dahin.

KINDER **Matilde:** Mit meiner Tochter würde ich gerne mehr unternehmen: Ausstellungen besuchen, ins Kino gehen, gemeinsam ein Buch lesen oder einfach nur zusammen diskutieren, aber sie grenzt mich völlig aus. Ich hätte eine Chance, wenn ich sofort auf eine Bitte von ihr reagieren würde, aber das ist nicht immer möglich.

WÜNSCHE **Camilla:** Ich hätte mich gerne mit einem Philosophen des antiken Griechenlands unterhalten.

Matilde: Die Energie wiederhaben, die ich während der Pubertät meiner drei Kinder verloren habe ...

»Meine Mutter ist eine ›Omertosa‹ – dieser typisch sizilianische Ausdruck bezeichnet eine Person, für die es ein Tabu ist, über Probleme zu sprechen.«
Camilla (18)

Jo (17) und Marine (21)

Jo ist auf dem Gymnasium. Sie spielt Schlagzeug, praktiziert afrikanischen Tanz und ist Mitglied einer Theatergruppe. Marine ist im letzten Ausbildungsjahr einer Designschule. Ihre Inspirationsquellen sind Ausstellungen, Theater, Ballett, Literatur und bildende Kunst.

Claire

Claire ist Grundschullehrerin. Schon von Kindesbeinen an malt und modelliert sie.

2020
Jo (17): Ich sehe mich vielbeschäftigt und glücklich in Brüssel. Ich liebe Belgien!
Marine (21): Ich zeichne und reise. Vielleicht lebe ich sogar in einem anderen Land.
Claire: Einen Liebhaber finden und dann malen, malen, malen ... Bei mir hat sich eine Tür zum künstlerischen Ausdruck geöffnet, die ich nicht mehr schließen möchte.

UMWELTSCHUTZ
Marine: In unserer Familie sind wir sehr engagiert. Ich bin gerade bei der Obdachlosenhilfe tätig. Meine Schwester ist besonders aktiv. Sie sitzt uns immer im Nacken, dass wir ja kein Wasser verschwenden und Strom sparen.
Claire: Ich baue mit meinem Vater, der Architekt ist, ein Passivhaus. Es wird ganz aus Holz sein und Sonnenkollektoren sowie Vorrichtungen zum Auffangen des Regenwassers aufweisen.

EU
Jo: Mein Herz schlägt eher für Belgien als für Europa. Als ich für ein Entwicklungsprojekt in Afrika war, habe ich mich als Afrikanerin gefühlt.
Claire: In wirtschaftlicher und kultureller Hinsicht ist das eine gute Sache. Mein Leben wird das nicht ändern, aber ich finde es gut.

WÜNSCHE
Marine: Das Wetter in Belgien könnte besser sein!
Claire: Ich wünsche mir ganz egoistisch Zeit zum Malen.

Patrizia auf dem Foto und als Porträt
Patrizia arbeitet in einer Apotheke, hilft ehrenamtlich im Krankenhaus und singt im Kirchenchor.

Silvia (17) und Francesco (21) haben sich lieber im Wohnzimmer fotografieren lassen
Silvia spielt Geige in einem Orchester, außerdem liest und zeichnet sie gerne. Francesco ist Sportstudent in Rom und spielt Fußball zu fünft.

2020 **Silvia (17):** Ich werde mein eigenes, solides Haus haben und einen guten Beruf. Ich fürchte, dass ich immer noch hier bin, obwohl ich gerne in London leben möchte.
Patrizia: Ich hoffe, eine interessantere Arbeit als meine jetzige in der Apotheke zu finden. Ich lege zurzeit eine Prüfung als Personalberaterin ab.

MWELTSCHUTZ **Silvia:** Wir fangen gerade erst mit der Wiederverwertung an. Das ist nicht so leicht, aber wir bemühen uns.
Francesco (21): Wenn wir genauso viel an die Umwelt denken würden wie an uns selbst, ginge es dem Planeten besser.

EU **Silvia:** Die Unterschiede zwischen den Mitgliedstaaten sind noch zu groß, es fehlt an Kooperation.

ELTERN **Silvia:** Wir haben hitzige Diskussionen, aber das ist nicht schlimm. Meine Mutter ist großartig. Ich erzähle ihr alles. Wenn ich ein Problem habe, weiß sie immer Rat.
Francesco: Für mich ist sie ein Vorbild im Leben.

WÜNSCHE **Silvia:** Aus Italien auswandern.
Franceco: Mein Diplom in der Tasche haben und eine Arbeit in den USA finden.
Patrizia: Eine feste und dauerhafte Partnerschaft.

Florian (16) und Laëtitia (18) in ihrem »Rennstall«

Florian fährt Motocross. Später will er vielleicht einmal Rallyefahrer oder Landschaftsgärtner werden. Laëtitia ist Kinderkrankenschwester, arbeitet aber, solange sie nichts Besseres findet, als Saisonkraft in den Treibhauskulturen. Am Wochenende fährt sie als Kopilotin Autorallyes.

Martine und Alain sind die größten Fans ihrer Kinder

Martine ist Kinderpflegerin, Alain arbeitet als Schlachter in einem Schlachthof. Am Wochenende feuern sie Tochter und Sohn bei Rennen und Rallyes an. »Wir teilen alle die Leidenschaft für den Motorsport. Wir begeistern uns dafür wie in meiner Jugend.« (Alain)

Stefan (17) mit seiner Freundin in seinem Zimmer
Stefan geht noch aufs Gymnasium und nebenher auch auf das Konservatorium. Er spielt klassische Gitarre und Klavier. Außerdem komponiert er Rock- und Bluesnummern für seine eigene Band. Seit seinem zwölften Lebensjahr betätigt er sich als Journalist für eine Kinderzeitschrift, für die er Interviews mit »Promis« macht.

Dejan & Mirjana in ihrem ausschließlich von Mirjana dekorierten Wohnzimmer

Dejan hat einen Jura-Abschluss, arbeitet aber in der petrochemischen Industrie. Er ist Kunstsammler und dreht Kurzfilme mit seinen Künstlerfreunden. Mirjana war Kunstgewerbelehrerin. Nun ist sie Hausfrau, malt daheim, macht Dekorationen und kocht ...

Stefan (17)
Dejan & Mirjana

»Meine Mutter hat viel Humor, und sie mag Rockmusik – genau wie ich.« Stefan (17)

2020 **Stefan (17):** Ich bin Rechtsanwalt und gleichzeitig Lehrer am Gymnasium. Die Lehrer haben in unserer Gesellschaft eine wichtige Funktion. Musik bleibt mein Hobby. Ich werde zwei Kinder, ein Haus und einen Hund haben.
Dejan: Die politischen und wirtschaftlichen Verhältnisse bei uns sind schwierig ... Man kann unmöglich voraussehen, was uns die Zukunft bringen wird.

EU **Stefan:** Das interessiert mich nicht so sehr. Ich weiß, dass Serbien bei den anderen Staaten der Europäischen Union nicht sehr angesehen ist. Aber in zehn Jahren sind wir so weit, wir werden die Verantwortlichen der Vergangenheit zur Rechenschaft gezogen haben. Ich bedaure nur, dass die Prozesse nicht hier stattfinden, aber wegen der Korruption würde es kein gerechtes Urteil geben.
Mirjana: Wir sind zwar nicht in der EU, aber wir sind dennoch Europäer.

UMWELTSCHUTZ **Stefan:** Auch in Serbien hat man begonnen, Windräder zu installieren, aber das reicht nicht aus. Warum nutzen wir nicht unsere Flüsse und bauen Wasserkraftwerke? Die Leute sind pessimistisch, sie denken, als Einzelner könne man nichts tun, aber wenn jeder einen kleinen Beitrag leistet, wird daraus etwas Großes!
Dejan: Ich mache mir vor allem wegen der gentechnisch veränderten Pflanzen Sorgen. Die multinationalen Unternehmen, die sie herstellen, machen damit große Gewinne, aber wir wissen immer noch nichts über die Folgen.

ELTERN **Stefan:** Sie behüten mich sehr, schreiben mir ständig SMS. Aber ich verstehe sie, schließlich bin ich Einzelkind. Dass ich zwei Schulen parallel besuche, bringt schon ziemlich viel Stress für mich, und das sorgt für Spannungen.

KINDER **Dejan:** Mein Lebensziel besteht darin, unserem Sohn eine optimale Ausbildung zu geben. Die wirtschaftliche Situation ist nicht einfach, aber lieber verzichte ich auf ein eigenes Auto, als dass er auf eine Bildungsreise verzichten muss. Er soll auch verstehen, dass das Wichtigste im Leben die Liebe ist.
Mirjana: Ich bin seine Mutter und nicht seine Freundin. Wir sind strenge Eltern, wir belohnen ihn, wenn er gute Noten heimbringt.

WÜNSCHE **Stefan:** Eine neue Gitarre, eine »Flying V«. Und eine Reise zu den Bauwerken der Maya und Azteken in Mexiko.
Mirjana: Dass die gute alte Zeit wiederkehrt.
Dejan: Eine große Bibliothek mit 1000 Bänden.

Louis & Patricia

Louis ist Leiter eines Übersetzungsbüros. Er betreibt Ahnenforschung, interessiert sich für die Theologie des 19. Jahrhunderts und schreibt gerade an einem Buch. Patricia arbeitet in einer kieferorthopädischen Praxis. Sie liest vier bis fünf Bücher pro Woche.

Laurenz (17)

hasst Fußball und wollte sich deshalb nicht im Zimmer seines Bruders fotografieren lassen. Er macht eine Ausbildung in der Hightech-Branche.

Caspar (16) und Silke (13)

sind große Fans des FC Bayern München, was bei Niederländern nicht gut ankommt.

2020
Caspar (16): Ich bin dann Pilot.

UMWELTSCHUTZ
Laurenz (17): Ich fühle mich nicht betroffen.
Caspar: Ich habe kein schlechtes Gewissen, wenn ich eine Getränkedose auf der Straße liegen lasse. Die Regierung soll dafür sorgen, dass der Planet sauber bleibt.
Patricia: Ich habe kein Auto und fahre mit dem Zug zur Arbeit. Im Urlaub mieten wir Fahrräder.
Louis: Ein Unsinn: Die Stadtverwaltung nötigt uns, den Müll zu trennen, aber bei der Müllabfuhr kommt alles wieder in den gleichen Großraumbehälter! In den Niederlanden stehen viele Windräder, aber die sind auch sehr laut.

EU
Caspar: Die Wirtschaftsprobleme der Griechen lassen mich völlig kalt.
Louis: Länder wie Griechenland, Spanien und Portugal sind eine Gefahr für die EU und den Euro. Obendrein sollen wir auch noch ihre Schulden bezahlen.

ELTERN
Laurenz: Ich habe nicht vor, Vater zu werden, aber sollte es sich doch ergeben, werde ich weniger streng mit meinen Kindern sein. Gott sei Dank werde ich in einem halben Jahr volljährig, dann ziehe ich in ein Studentenheim.
Caspar: Die Erlaubnis, abends auszugehen, kriegt man leichter von meinem Vater als von meiner Mutter.
Silke (13): Wegen der Unordnung in meinem Zimmer gibt es oft Streit mit meiner Mutter. Sie ist ein bisschen zu autoritär. Mein Vater dagegen ist immer guter Laune, mit ihm kommt man gut aus.

KINDER
Louis: Die drei sind in ihrem Charakter völlig verschieden. Man muss jeden auf seine Weise ansprechen.

WÜNSCHE
Laurenz: Mein Leben nicht verpfuschen.
Louis: Zwei Dinge sollten Eltern ihren Kindern mitgeben: Wurzeln und Flügel.

ELTERN

»Das ist schon heikel, vor allem die Ausgangssperre ab 22 Uhr geht gar nicht.«

Laurenz (17)

WAS JUGENDLICHE MEINEN

ELTERN

SLOWAKEI

Ich spiele mit meinem Vater Golf und habe schon zweimal gewonnen. Aber erzählen Sie ihm nicht, dass ich das erwähnt habe. Er nimmt das persönlich.
Martin (16)

GRIECHENLAND

Mein Vater schimpft nie und drückt bei allem, was wir tun, ein Auge zu. Ich arbeite gerne auf dem Feld mit ihm. Im Haus helfe ich meiner Mutter. Ich hänge die Wäsche auf und bügle.
Christos (13)

FRANKREICH

Mit meine Mutter teile ich alles selbst die Kleider. Beim Bummeln könnten wir fast als Freundinnen gelten.
Laëtitia (18)

ITALIEN

Meine Mutter hat einen ziemlich üblen Charakter. Sie regt sich wegen jeder Kleinigkeit viel zu schnell auf. Mein Vater ist die ganze Zeit daheim und rückt uns zu sehr auf die Pelle!
Bernardo (15)

DEUTSCHLAND

Ich würde versuchen, nicht ganz so konservativ wie meine Eltern zu sein und meinen Kindern mehr Freiraum zu lassen. Aber das kann sich alles noch ändern.
Moritz (17)

PORTUGAL

Meine Mutter gibt niemals auf. Sie setzt sich stets für uns ein. Dabei ist sie sehr gerecht, weder überfürsorglich noch allzu nachgiebig. Ich finde es gut, Grenzen zu setzen und gleichzeitig die Freiheit seiner Kinder zu respektieren.
Ze-Maria (14)

DÄNEMARK

Meine Schwester lebt seit dem letzten Jahr bei meiner Mutter. Sie fehlt mir sehr.
Phillip (14)

GRIECHENLAND

Seit meiner Kleinkindzeit habe ich davon geträumt, meine Eltern zu verlassen und ein Haus ganz für mich allein zu besitzen.
Christos (18)

PORTUGAL

Meine Mutter ist eine wunderbare Frau. Sie ist mein Vorbild, aber ich bin ihr nicht ähnlich. Als Mutter werde ich mich sicherlich anders verhalten. Ich liebe ihre Lebensenergie und ihr Lächeln.
Carolina (17)

FRANKREICH

Mein Vater macht gerne einen drauf. Wie ich tanzt er gerne und ist sehr witzig. Zusammen haben wir viel Spaß!
Florian (16)

FINNLAND

Das ist keine schwierige Sache, eher eine Herausforderung. Heute ist aber vieles nicht so eindeutig wie in unserer Jugend. Allerdings gibt es mehr Gelegenheiten für gemeinsame Unternehmungen: Surfen, Tauchen ...

Martti

PORTUGAL

Wir sprechen zwar miteinander, aber in ihrem Alter reden sie nicht viel. Sie meinen, dass ich zu viel über sie wissen möchte.

Joao

SLOWAKEI

Mein Sohn ist 16 Jahre alt. Wir dachten, dass er nächstes Jahr die Ferien mit seinen Freunden verbringen würde. Er fragte aber nach unserem Reiseziel. Möglicherweise will er uns doch begleiten, was uns natürlich gefällt.

Martin

UNGARN

Sie hat eine »große Klappe« und tut nicht immer, was ich ihr sage. Das beweist aber ihre Kreativität und ist gar nicht so schlecht.

Lajosné

PORTUGAL

Die Großeltern haben in Familien mit Heranwachsenden eine sehr wichtige Funktion. Sie verkörpern Werte und sind Zeugen der Geschichte.

Rita

SLOWAKEI

Bei meiner Scheidung wünschte ich mir nur das Sorgerecht für meine Kinder. Denn ich habe die schönste Tochter auf der Welt.

Dana

UKRAINE

Seit mein Sohn studiert, rufe ich ihn zwei- oder dreimal täglich an. Ich vermisse ihn sehr. Ich diskutiere sehr gerne mit ihm in der Küche nach einem guten Essen.

Halyna

PORTUGAL

Ich möchte, dass er studiert und verlange deshalb gute Noten in Mathematik. Die anderen Fächer sind weniger wichtig.

Vera

UNGARN

Ich hätte gerne noch fünf weitere Kinder gehabt, aber dafür ist es jetzt für mich längst zu spät ...

Zsuzsanna

Elisabeth & Thomas

in ihrem nur von Kerzen erhellten Haus.
Elisabeth veranstaltet Barockkonzerte auch für Kinder. Thomas hat eine Fahrschule. Er ist begeistert von Irland, spielt irische Folkloremusik, besitzt zwei irische Hunde, und in seiner Familie gibt es »irische Zwillinge« (in Irland spricht man von Zwillingen, wenn Geschwister mit weniger als 18 Monaten Abstand geboren werden).

Miranda (19) und Felica (20)

Miranda nimmt Gesangsunterricht und macht sich in ihrer Freizeit gerne auf die Suche nach ausgefallener Kleidung. Felica studiert Design an der Universität Stockholm. Sie interessiert sich für Fotografie, liebt Tiere und schreibt Erzählungen.

2020 **Miranda (19):** Ich werde Opernsängerin an der New Yorker Met.
Felica (20): Ich hoffe, dass ich bis dahin eine Erzählung publiziert habe. Oder ich bin Fotografin oder Regisseurin, oder ich arbeite als Biologin. Ich werde vielleicht drei Kinder haben, die ich vergöttere.
Thomas: Ich werde irgendetwas Handwerkliches machen, vielleicht Möbel.
Elisabeth: Was macht man im Ruhestand? Golf spielen und den Hund ausführen? Kommt nicht infrage! Ich arbeite so weiter wie bisher, so ist es genau richtig.

UMWELTSCHUTZ **Felica:** Meine Klasse ist mit dem Flugzeug in die Schweiz und nach Spanien geflogen. Nur ich und zwei andere Schüler haben den Zug genommen. Obwohl die Zugreise länger dauert und auch teurer ist, belastet sie die Umwelt viel weniger.
Miranda: Wir kaufen Secondhandkleidung und sind Vegetarier.
Thomas: Ich bringe meinen Fahrschülern bei, wie man umweltbewusst fährt, also Benzin und Geld spart.
Elisabeth: Statt Möbel bei IKEA zu kaufen, gehen wir auf Flohmärkte oder bauen unsere Möbel selber.

EU **Miranda:** Ich habe kein Vertrauen in die Europäische Union, sie ist nicht überschaubar. Außerdem wollen wir unsere schwedische Krone behalten.
Felica: Ich fühle mich zwar als Europäerin, aber die EU mag ich nicht.
Thomas und Elisabeth: Wir haben dagegen gestimmt.

ELTERN **Felica:** Wenn ich kochen will, mischt sich meine Mutter ein. Sie kann nur schwer etwas aus der Hand geben, sie will alles kontrollieren.
Miranda: Meine Mutter ist großzügig und sprüht vor Leben. Sie liebt es, Beziehungen zwischen Menschen zu stiften. Mein Vater ist ruhiger, er geht in seiner Musik auf. Einmal in der Woche gehen wir aus, in ein Konzert oder in eine Ausstellung ... Wir genießen das sehr.

KINDER **Elisabeth:** Wir sind alle sehr temperamentvoll, wir schreien uns an, und dann knallen die Türen. Wir haben schon die Nachbarn beruhigen müssen, dass wir uns nicht gegenseitig an die Gurgel gehen! Meine Töchter sind rothaarig, so sind die Rothaarigen nun einmal.

WÜNSCHE **Thomas:** Hoffentlich wird das Krankenversicherungssystem verbessert.

»Mein Wunsch: in einer Mozartoper an der New Yorker Met singen.«
Miranda (19)

Philippe in seiner Rock-'n'-Roll-Welt

Philippe ist Geschäftsführer einer kleinen Metallwarenfabrik. Er sammelt Schallplatten mit amerikanischer Musik (Rock, Country, Music Hall). Seine Söhne haben nicht den gleichen musikalischen und kulinarischen Geschmack.

Antoine (11) und Louis (13) in Antoines Zimmer

Die beiden Jungen leben abwechselnd bei Vater und Mutter. »Bei meinem Vater gibt es komisches Zeug zu essen. Neulich sollten wir Bambus und Quinoa probieren ... Es wäre gut, wenn er sich von seiner Plattensammlung trennen würde, damit wir uns Haus und Hund kaufen können.« **(Louis)**

Claudio & Lucia

lassen sich vom Bild ihrer Großeltern inspirieren.
Claudio und Lucia sind Gastronomen. Er kocht, und sie kümmert sich um die Organisation. Die Jagd und Spaziergänge mit ihrem Hund sind ihre gemeinsamen Hobbys. Lucia töpfert gerne in ihrer Werkstatt.

Silvia (16) und Giovana (10)

Silvia wohnt in einem kleinen Dorf in Umbrien. Sie macht Gymnastik und tritt im Theater auf.

2020 **Silvia (16):** Ich möchte dann Schauspielerin sein und in Berlin leben.
Lucia: Noch immer mit meinem Mann zusammenleben.
Claudio: Wir werden das Restaurant weiterführen.

EU **Silvia:** Ich bin anders als die meisten anderen Italiener und fühle mich mehr als Europäerin.
Lucia: Jede Nation hat ihre eigenen Probleme. Die europäischen Gesetze müssen dem jeweiligen Land angepasst werden.
Claudio: Es gibt meiner Ansicht nach zu viele Mitgliedstaaten in der Europäischen Union, und sie hat sich nicht ausreichend Zeit gelassen, um den Beitritt neuer Länder vorzubereiten.

UMWELTSCHUTZ **Lucia:** Die Politiker auf der ganzen Welt müssen gemeinsam nach Lösungen suchen. Es geht schließlich um unsere Zukunft. Wir müssen auch auf lokaler Ebene unsere Stimmen erheben.
Claudio: Wir sind Mitglied in einer Nichtregierungsorganisation, die gegen die Umweltverschmutzung durch Fabriken kämpft.

ELTERN **Silvia:** Ich liebe sie natürlich, aber viel Freiheit habe ich nicht. Ich möchte gerne das Haus und das Dorf verlassen, aber dafür bin ich noch zu jung.

KINDER **Lucia:** Silvia möchte zurzeit viele Dinge auf einmal machen, arbeiten und abends mit Freunden ausgehen. Meine Aufgabe ist es, hier regulierend einzugreifen und ihr zu zeigen, dass alles seine Zeit hat. Wir sind gewiss nicht streng, aber gelegentlich muss man auch nein sagen können.
Claudio: Die Medien, insbesondere das Fernsehen, wollen den Menschen weismachen, alles sei leicht und sofort erreichbar. Die Realität sieht aber anders aus. Diese Einsicht wollen wir unseren Töchtern vermitteln ... mit mehr oder weniger großem Erfolg.

WÜNSCHE **Silvia:** Ich möchte studieren, reisen und Schauspielerin werden.
Claudio: Ich möchte jeden Tag mit meiner Frau verbringen.
Lucia: Und ich mit ihm.

»Ich mag Leute nicht, die mit dem Auto zum Markt fahren, anstatt drei Minuten zu Fuß zu gehen.«
Silvia (16)

SPANIEN – Murcia

ALBANIEN – Tirana

FRANKREICH – Paris

DEUTSCHLAND – Kürten

ITALIEN – Florenz

FINNLAND – Kirkkonummi

DIE ZIMMER DER JUGENDLICHE

BELGIEN – Waterloo

FRANKREICH – Villeneuve-sur-Lot

FRANKREICH – Pujols

RUSSLAND – Moskau

FRANKREICH – Lagny-sur-Marne

IRLAND – Dublin

Dein Look macht aus dir jemand anderen, und das ist ja auch der Sinn der Sache.«

Sotiris & Dora

Sotiris hat von seinem Vater eine Fabrik für Kinderbekleidung geerbt. In einem Verein spielt er Basketball. Dora ist Elektroingenieurin. Sie überprüft im Auftrag der Regierung die elektrischen Installationen in alten Gebäuden.

Agelos (14) und Aristidis (17)

mit ihren 24 Porsches

Aristidis geht auf das amerikanische Gymnasium. Er ist ein begeisterter Fußballspieler, aber momentan arbeitet er viel für die Schule. Agelos geht auf die Realschule und spielt wie sein Vater Basketball. Er nimmt private Englischstunden, um nächstes Jahr die Aufnahme in das Gymnasium zu schaffen.

2020 **Aristidis (17):** Ich bin dann Chirurg. Griechenland ist nicht gerade der ideale Ort für eine Karriere, aber der Weg ins Ausland ist auch riskant. Also werde ich wohl hier bleiben.

Agelos (14): Ich bin vielleicht Ingenieur wie meine Mutter.

Dora: Die Kinder sind dann leider aus dem Haus. Ich fürchte mich ein wenig vor dem Alleinsein.

EU **Agelos:** Alle sprechen jetzt von der Krise, aber ich glaube nicht so recht daran. Es ist doch unmöglich, dass es allen Ländern zugleich schlecht geht! Das sind doch nur Machenschaften bestimmer Kreise der Finanzwirtschaft, um sich noch mehr zu bereichern.

Aristidis: Ich glaube, mein Bruder hat es auf den Punkt gebracht. Möglicherweise scheidet Griechenland aus der EU aus, aber wir müssen die Interessen unseres Landes wahren und nicht auf die hören, die ihm schaden wollen.

Sotiris: Man müsste ein politisch und nicht nur wirtschaftlich geeintes Europa schaffen mit einem Präsidenten, der sich jedem Land verpflichtet fühlt.

UMWELTSCHUTZ **Aristidis:** Eine nachhaltige Entwicklung müsste das Ziel aller großen wie kleinen Unternehmen sein.

Agelos: Wir hängen in fast allen Energiefragen allein vom Öl ab. Das ist riskant, weil es nicht nachhaltig ist. Alternative Energien sind dagegen erneuerbar.

Dora: Die Kinder reagieren sehr sensibel, wenn es um die Verschwendung von Wasser geht. Ich bin in einem Verein, der sich um aktiven Brandschutz für den einzigen Wald von Thessaloniki, den »Wald der Tausend Bäume«, kümmert. Wir organisieren Rundgänge für Familien, damit sie die Vielfalt von Fauna und Flora kennenlernen.

ELTERN **Aristidis:** Unsere Eltern haben hart gearbeitet, um uns diesen Lebensstil zu ermöglichen. Ich danke ihnen für ihre große Liebe und dafür, dass sie immer für uns da sind.

Agelos: Eltern zu sein ist wohl nicht einfach und sehr verantwortungsvoll. Meine Eltern haben es geschafft, aber sie sind nicht meine Freunde, denn Freunde müssen gleichaltrig sein.

WÜNSCHE **Aristidis:** Ich möchte Arzt werden.

Agelos: Die Menschen sollen arbeiten, um zu leben, und nicht leben, um nur zu arbeiten.

»Die Krise ist für Griechenland gewiss ein Problem, aber nicht so sehr, dass wir nie mehr Arbeit finden und kein gutes Leben mehr haben.« Aristidis (17)

Joanna (12) und Samantha (17), »Jugendliche zu Pferd« ...

Joanna und Samantha sind hervorragende Reiterinnen. Seit ihrem zwölften Lebensjahr nimmt Samantha an Dressurwettbewerben teil.

Diane & Charles mit einem Huhn, das sie aus einem in Konkurs gegangenen Hühnerzuchtbetrieb retten konnten

Charles arbeitet in der Automobilindustrie. Diane, früher selbst erfolgreiche Turnierreiterin, kümmert sich jetzt um den Pferdestall und trainiert ihre Töchter im Dressurreiten.

2020
UMWELTSCHUTZ

Samantha (17): Ich nehme weiter an Wettbewerben teil und arbeite als Reitlehrerin.

Joanna (12): Wir haben Hühner, die unsere Küchenreste aufpicken: Das ist die beste Form der Kompostierung.

Charles: Ich arbeite als Konstrukteur von Dieselmotoren, die so umweltverträglich wie möglich sind.

ELTERN

Samantha: Meine Mutter hat mir alles über Pferde beigebracht ...

Joanna: Mein Vater ist ein richtiger Spaßvogel. Wenn er Witze erzählt, die keiner versteht, lacht er trotzdem, was mich ziemlich nervt.

KINDER

Diane: Wir wohnen auf dem Land, und die beiden kümmern sich vorwiegend um die Ponys, sie können abends ja nicht ausgehen. Sie haben eine traumhafte Kindheit und werden nicht so schnell erwachsen wie andere Kinder. Meine Rolle als Coach beeinflusst unsere Beziehung, die mehr vom Teamgeist geprägt ist als von einem Mutter-Tochter-Verhältnis.

Charles: Sie haben eine sehr reizvolle Umwelt mit Tieren. Für die Vorbereitung auf das Leben ist das die beste Schule.

WÜNSCHE

Samantha: Ich möchte an internationalen Reitturnieren teilnehmen und einen Grand Prix gewinnen.

Joanna: Ich will Geschichten für Jugendliche schreiben, die im bäuerlichen Umfeld spielen. Damit sollen sie eine realistische Vorstellung vom Landleben bekommen.

Jean & Sidonie stammen aus dem Kongo

Jean ist Linguist und Professor für afrikanische Literatur an der Universität. Er ist auch Vizepräsident einer Nichtregierungsorganisation, die junge Afrikaner unterstützt. Er arbeitet auch an Wörterbüchern mit. Sidonie hilft in einem Feinkostgeschäft aus.

Ntumba (26), Ndaaya (22), Lelààyje (21) und Kambala (17)

Ndaaya wird Lehrerin. Lelààyje studiert Jura an der Freien Universität Brüssel. Kambala ist Student der Wirtschaftswissenschaft, und Ntumba besucht Abendkurse im Fach Werbung.

2020 **Kambala (17):** Ich habe keine Ahnung, welchen Beruf ich später ausübe. Hauptsache, die Kohle stimmt ...

Ndaaya (22): Ich bin dann Grundschullehrerin. Ich habe sicher mehrere Kinder und bin ihnen vermutlich eine gute Mutter, aber nicht so, wie es meine Mutter war.

Lelààyje (21): Ich bin Rechtsanwältin oder Untersuchungsrichterin und habe wahrscheinlich Kinder.

EU **Lelààyje:** Mit meinem Abschluss kann ich nicht arbeiten, wo ich will. Das Arbeitsrecht ist in jedem Land anders. Es braucht noch einige Zeit, bis das europäische Recht überall gilt ...

MWELTSCHUTZ **Jean:** Das ist ein Kernproblem, und es ist erfreulich, dass in Europa die Probleme der Umweltverschmutzung und des maßlosen Konsums eine immer stärkere Beachtung finden. Man muss auch an die nachfolgenden Generationen denken. Diese Ideen müssen sich global durchsetzen, und unsere Aufgabe ist es, sie unter allen Völkern zu verbreiten.

KINDER **Sidonie:** Mit den Töchter lief es ganz gut, mit unserem Jungen stecken wir ein wenig in der Sackgasse. Wäre mein erstes Kind ein Junge gewesen, hätte ich keine vier Kinder bekommen!

Jean: Für Europa wäre es vorteilhaft, wenn es sich von Erziehungsmethoden anderer Länder anregen ließe. In Afrika ist die Erziehung der Kinder nicht allein Sache der Eltern. Ein Kind zu erziehen ist Sache des ganzen Dorfes.

Oxana & Vasyl

Oxana arbeitet als Industriezeichnerin. Sie hat ihre Freude an Inneneinrichtungen nach dem Motto: »My home is my castle«.
Vasyl ist Konstrukteur von Gaspumpen und Inhaber eines Geschäfts für Baustoffe. Seine Hobbys sind Motocross-Rennen und Skilaufen. Die ganze Familie nimmt an Slalomwettbewerben teil!

Oxana (22) und Dima (14)

Dima fährt seit seinem siebten Lebensjahr Motocross. Er ist dreifacher ukrainischer Meister. Oxana studiert Pharmazie.

2020 **Dima (14):** Ich würde gerne ins Ausland gehen, um Englisch zu lernen.
Oxana: Das Haus unserer Träume ist dann fertig.
Vasyl: Ich träume von Reisen und möchte die ganze Welt sehen.

EU **Dima:** Wir sind für einen Beitritt, weil wir dann reisen können und es keine langen Warteschlangen an der Grenze mehr gibt.
Vasyl: Wir hoffen, dass wir eines Tages zur EU gehören.

UMWELTSCHUTZ **Oxana (22):** Die Leute bringen es tatsächlich fertig, ihre Abfälle einfach in einen Teich zu werfen. Es wäre schon viel erreicht, wenn man mehr öffentliche Mülleimer aufstellen würde.
Vasyl: Die Energieprobleme sind essenziell für uns. Wir müssen unbedingt Ersatz für die fossilen Energien finden, um unabhängig zu werden. Wir wohnen auf einer Anhöhe mit viel Wind, hier wären Windräder sinnvoll, aber leider können wir sie uns nicht leisten.
Oxana: Wir müssen unsere Wälder besser pflegen und dabei auch Holz zum Heizen gewinnen.

ELTERN **Oxana:** Meine Eltern sind sowohl Eltern als auch Freunde. Ich möchte später so sein wie sie.
Dima: Wenn ich Probleme habe, sind sie immer für mich da.

KINDER **Oxana:** Mein Sohn ist sehr umgänglich und vielseitig interessiert. Ich verbringe sehr gerne meine Zeit mit ihm. Nur die Motocrossrennen machen mir Sorgen. Ich halte sie einfach für zu gefährlich.
Vasyl: Motocross ist ein Sport, der mich begeistert. So habe ich meinen Sohn schon mit sieben Jahren auf ein 50-ccm-Motorrad gesetzt. Er drehte seine Runden im eigens dafür hergerichteten Garten. Auf seinen sportlichen Erfolg bin ich stolz.

WÜNSCHE **Dima:** Venedig besuchen.
Oxana: In die Türkei oder nach Ägypten reisen.
Oxana: An einem Ort leben, an dem es warm ist. Ich hasse den Winter und die Kälte in der Ukraine.
Vasyl: Verreisen, irgendwohin ...

»Anderswo benutzen die Leute Mülltonnen, hier werfen sie ihren Müll aus dem Autofenster, sodass die Straßenränder verschmutzt sind. Anderswo bekommt man dafür eine Geldstrafe, aber hier geschieht nichts.«
Dima (14)

IN DER **SCHULE** SOLL JEDER **SCHÜLER** SOVIEL **PAPIER** MITBRINGEN **WIE MÖGLICH**. DIE ERFOLGREICHSTE **KLASSE GEWINNT** EINEN BESUCH IM **AQUAPARK.**

Ralfs (13), Lettland

Roberts (14), Ralfs (13) / Maris & Ilse / LETTLAND – Riga

Alexander & Mariette / Wisse (14), Merijn (12), Jules (17) / NIEDERLANDE – Leiden

Florent & Helmie und Anjali (4)

Helmie stammt aus dem Kongo. Sie ist Sängerin und textet und komponiert ihre Chansons selbst. Unlängst hat sie ihr erstes Album herausgebracht. Florent, ihr Lebenspartner, ist Ingenieur und Unternehmensberater.

Noumia (13)

in ihrem »Redaktionsbüro«.

Nouma geht auf die Realschule. In der Musikschule spielt sie Laute. Sie ist ein Modefreak und hat einen Blog eingerichtet, in dem sie Fotos und Texte von Modeschauen veröffentlicht. Sie hatte auch eine Rolle im Musical »Der König der Löwen«.

2020 **Noumia (13):** Ich werde in Paris als Journalistin, in der Werbung oder beim Radio arbeiten.
Helmie: Ich muss mich um ein anderes junges Mädchen kümmern.
Florent: Hier werden wir wahrscheinlich nicht bleiben, sondern anderswo wohnen. Ich möchte gerne ein Unternehmen gründen, das für blinde Menschen spezielle Tiefkühlware oder Leitgeräte nach dem Radarprinzip herstellt. Diese Pläne liegen mir sehr am Herzen.

UMWELTSCHUTZ **Noumia:** Wenn wir erwachsen sind, gibt es vielleicht kein Erdöl mehr. Wir müssen daher äußerst sparsam mit unseren Bodenschätzen umgehen und schon jetzt nach Alternativen suchen, damit unsere Umwelt sauberer wird.
Helmie: Bei meiner Rückkehr aus dem Kongo wurde mir bewusst, wie überflüssig hier in Frankreich viele Verpackungen sind. In Afrika nimmt einfach jeder seinen Einkaufskorb.

EU **Noumia:** Ich fühle mich der ganzen Welt zugehörig, ich passe mich überall an.
Helmie: Die Musik hat mich mit Letten, Spaniern, Engländern und Norwegern zusammengebracht, und ich spürte, dass alle diese Menschen das Bedürfnis hatten, untereinander Bande zu knüpfen. Die Europäische Union ist eine Art Sammelsurium von Leuten, die alle ihre nationalen Eigenarten mitbringen und nun versuchen, Gemeinsamkeiten zu finden.
Florent: Vielleicht ist Europa in 50 Jahren tatsächlich ein geeintes Land, das mehrere Sprachen, eine unterschiedliche Geschichte und endlich eine einzige Regierung hat. Hier bahnt sich etwas an, das uns aber nur noch am Rande betrifft.

ELTERN **Noumia:** Meine Eltern sind geschieden; ich bin es gewohnt, abwechselnd bei meiner Mutter und meinem Vater zu leben.

KINDER **Florent:** Bei Noumia zeigen sich jetzt ihre speziellen Neigungen: Zurzeit trägt sie tagelang eine Maske. Sie lebt ein wenig in ihrer ganz eigenen Welt.

WÜNSCHE **Noumia:** Den Hunger in der Welt besiegen. Dafür braucht man keine Milliarden, sondern nur ein wenig Unterstützung.
Helmie: Wie durch Zauberhand sollte man sehen können, was anderswo geschieht.
Florent: Machmal möchte ich die Zeit anhalten, damit wir mehr voneinander haben.

»Wenn ich erwachsen bin, trete ich Greenpeace bei. Ich unterstütze die Organisation finanziell und beteilige mich an ihren Aktionen vor Ort.« Noumia (13)

Maria

Halloween steht kurz bevor, selbst in Russland ...
Maria ist Chemieingenieurin, arbeitet jedoch im Kulturreferat der Stadtverwaltung. Sie liebt das Ballett und ist auch regelmäßig als Tänzerin aktiv.

Alexjei (22) und Anna (20)

Alexej beendet sein Studium der Telematik an der Universität für Automobilherstellung. Sein Hobby ist die Leichtathletik. Anna studiert an der gleichen Universität Wirtschaftswissenschaft. Tanzen und Aerobic sind ihre Hobbys.

2020

Alexjei (22): Ich bin Professor an der Moskauer Universität und habe eine Familie mit drei Kindern.

Anna (20): Finanziell werde ich dann hoffentlich unabhängig sein und in einer eigenen Wohnung leben. Eine kreative Arbeit wie die Fotografie zum Beispiel wäre mir am liebsten.

Maria: Ich wäre gerne mehrfache Großmutter.

UMWELTSCHUTZ

Anna: Wir sollten Sonnenkollektoren haben wie in Deutschland, anstatt die Luft mit Kohle und Heizöl zu verschmutzen. Ich zähle auf meinen Bruder, dass er als Forscher Lösungen findet.

Alexjei: Einer meiner Träume besteht darin, eine Lösung für die automatische Ampelsteuerung zu finden. Dann liefe der Verkehr flüssiger, es gäbe weniger Staus und daher weniger Luftverschmutzung.

Maria: In unserem Stadtviertel gibt es ein Umweltschutzprogramm, das zu meinem Aufgabenbereich gehört. Für die Initiative »Verbessern Sie Ihre Wohnverhältnisse« habe ich sogar eine Urkunde der Stadt Moskau bekommen.

EU

Maria: Das ist schon eine großartige Sache, auch Russland sollte dazugehören, es gibt keine Alternativen.

ELTERN

Alexjei: Meine Mutter ist eine sehr starke Persönlichkeit. Mein vor zwei Jahren verstorbener Vater war viel nervöser; ich möchte mit meinen eigenen Kinder ruhiger umgehen.

WÜNSCHE

Alexjei: Im Weltraum umherreisen, aber auf komfortable Weise wie auf einem Passagierdampfer.

Maria: Ich wünsche mir mehr Fröhlichkeit im Leben.

»Auf wirtschaftlichem Gebiet sind wir Konkurrenten, aber keine Feinde der EU. Russland wird der Union nie beitreten.« Anna (20)

MALTA, VALLETTA
Die Market Street mit ihren 1001 Balkonen

Enrico (16)

Enrico ist Gymnasiast und spielt Gitarre – Punk, etwas Blues und »Underground«-Rap«.

Stefano & Gabriella in Stefanos Wohnung

Beide sind als Journalisten in Rom tätig. Gabriella arbeitet für das Feuilleton des einstigen Parteiorgans der kommunistischen Partei. Sie sind geschieden und haben das gemeinsame Sorgerecht für Enrico. Gabriella begeistert sich für Literatur, Malerei, Kino und Reisen.

Enrico (16)
Stefano & Gabriella

»Ich mag Deutschland, weil das ein Land ist, das etwas für den Umweltschutz tut!« Enrico (16)

2020 — **Enrico (16):** Ich bin dann Meeresbiologe ... oder Regisseur.

UMWELTSCHUTZ — **Enrico:** Wir haben in der Schule ein kurzes Video zum Thema Umweltschutz gedreht, aber von den Befragten hatten die meisten keinerlei Ahnung von den wirklichen Problemen.

Gabriella: Mit unserem ex-faschistischen Bürgermeister und Berlusconi stehen wir am Rand der Katastrophe. Bei uns dienen die Politiker nicht dem Volk, sondern haben nur ihre eigenen Interessen im Auge. Ich brauche eineinhalb Stunden bis zu meinem Arbeitsplatz. Ich muss mit dem Auto fahren, weil es keine öffentlichen Verkehrsmittel gibt. Dabei haben wir tagtäglich endlose Staus.

Stefano: Das Problem ist dramatisch. Aber wir sollten nicht nur an die Verschmutzung durch die Industrie denken, sondern Lösungen finden!

EU — **Stefano:** Heute ist das noch eine Angelegenheit der Banken, aber bald wird es ein Gestaltungsraum für die Demokratie werden.

ELTERN — **Enrico:** Mein Vater ist der Mensch, mit dem ich mich am besten verstehe. Wir haben eine gemeinsame Leidenschaft: Computer. Nur mit meinem Motorroller habe ich ein Problem. Meine Eltern haben ihn mir geschenkt, aber sie wollen nicht, dass ich abends damit meine Freunde besuche. Ich darf ihn nur zur Fahrt in die Schule benutzen!

KINDER — **Gabriella:** Mit der früheren Vertrautheit ist es vorbei, wir reden nicht mehr so viel miteinander. Es gibt eine Regel: keine Joints! Aber daran hält er sich nicht immer. Hauptsache, er tut es nicht daheim ...

WÜNSCHE — **Enrico:** Ich wünsche mir, dass der Unterschied zwischen Arm und Reich geringer wird. Die Reichen haben zu viel Macht.

Gabriella: Ich möchte mit meiner Zeitungsarbeit aufhören und kreativ schreiben.

Stefano: Ein Italien ohne Berlusconi.

Iryna & Voldymyr an der Wand Ansichten von Lviv

Voldymyr ist studierter Ingenieur und arbeitet jetzt als stellvertretender Leiter des Nationaltheaters. Iryna unterrichtet Rechnungswesen an der Universität.

Oleg (19) mit seiner Pokalsammlung

Oleg studiert Ökonomie an der polytechnischen Universität Lviv. Er ist bereits ukrainischer Meister in Karate.

EU **Oleg (19):** Unsere wirtschaftliche Situation ist nicht mit jener der EU-Staaten vergleichbar. Wir brauchen zehn Jahre, bis wir auf dem gleichen Stand sind.

UMWELTSCHUTZ **Oleg:** Hier gilt das Gleiche wie für die Wirtschaft. Wir haben viel aufzuholen.

Voldymyr: Für unseren Garten verwende ich nur organische Mittel. Vor allem aber müssen wir unsere Kinder in dieser Hinsicht aufklären und erziehen. Im Theater verwenden wir Kulissen und Kostüme möglichst mehrmals.

Iryna: Für 2012 ist in Lviv der Bau einer Recyclinganlage geplant. Und wir selbst haben Stromsparlampen angeschafft.

ELTERN **Oleg:** Mein Vater ist sehr charakterstark. In der Ukraine herrscht Korruption, aber er ist immer unbestechlich geblieben.

KINDER **Voldymyr:** Oleg hat vor uns keine Geheimnisse.

Iryna: Er ist ein dominanter Typ und hat seinen Freundeskreis.

WÜNSCHE **Oleg:** Nach dem Gewinn der Karate-Europameisterschaft auch an der Weltmeisterschaft teilnehmen.

Iryna: Europa bereisen, nach Prag und Budapest fahren.

Voldymyr: Das politische System der Ukraine ändern.

Jakub (17) an einem Tisch im »Artcafé«

Jakub ist Gymnasiast und arbeitet als Barmann im angesagtesten Café der Stadt. Seit dem Tod seines Vaters – er war Fußballprofi bei Bayern München – lebt er bei seiner Mutter.

Ladislava

Ladislava ist Modedesignerin und hat die schickste Boutique in Banska Stiavnica. Für ihre eigenen Modelle lässt sie sich von der italienischen und französischen Mode inspirieren.

2020 **Jakub (17):** Nach dem Abi gehe ich auf die Militärakademie, und dann werde ich weitersehen.

EU **Jakub:** Zurzeit helfen wir gerade alle Griechenland, dabei hat jedes einzelne Land mit wirtschaftlichen Schwierigkeiten zu kämpfen. Die EU könnte dazu beitragen, einen Wandel der Mentalitäten und der Verhaltensweisen herbeizuführen.

Ladislava: Seit wir den Euro haben, ist das Leben teurer geworden, vor allem für eine alleinerziehende Mutter mit einem heranwachsenden Sohn.

JMWELTSCHUTZ **Jakub:** Einer allein kann da nichts ausrichten, man muss als Gruppe handeln. Die EU könnte bei einem Wandel der Mentalitäten und der Verhaltensweisen mithelfen.

Ladislava: Seit einem Jahr haben wir in der Stadt Mülltonnen für wiederverwertbare Stoffe. Das ist gut, reicht aber nicht aus.

ELTERN **Jakub:** Meine Mutter ist die wichtigste Person in meinem Leben. Sie hat einen sehr sicheren Geschmack.

KINDER **Ladislava:** Jakub ist ein umgänglicher und verantwortungsbewusster Junge. Er arbeitet viel und hilft mir, so gut er kann. Er hat nur eine Unart: Er nimmt nicht ab, wenn ich ihn anrufe.

WÜNSCHE **Jakub:** Ein schönes Leben haben, nämlich: Geld, eine gute Stelle, eine tolle Frau, eine nette Familie und ein klasse Auto, das reicht!

Lennie & Marita

in ihrer Designerküche, wo sie sich am liebsten aufhalten.

Marita ist ursprünglich Modedesignerin für Hochzeitskleider. Jetzt arbeitet sie für ihren Ehemann, der eine Buchhaltungsfirma leitet und einen Apple Store aufgemacht hat.

Anna (17) und Ellen (13)

in ihrem »Privatsalon«.

Anna kleidet sich seit ihrem zehntenLebensjahr nach der jeweiligen Musik, die sie hört. Ellen wiederum sucht ihre Kleidung nach der Farbe aus. Zurzeit ist Gelb ihre Lieblingsfarbe. Ihr Hut kommt aus Japan, sie hat ihn im Internet entdeckt.

2020 **Anna (17):** Ich werde mal einen kreativen Beruf ausüben, vielleicht Illustratorin. Ich kann mir aber auch vorstellen, Mutter mehrerer Kinder zu sein.
Ellen (13): Ich werde ein Buch mit selbst gezeichneten Mangas veröffentlichen.

UMWELTSCHUTZ **Anna und Ellen:** Wir fahren mit dem Bus in die Schule, das ist alles.
Lennie: In unserem Dorf gibt es einen Wertstoffhof, aber das Gelände liegt weit abseits in den Wäldern und ist ziemlich schmutzig. Hier in Mölle werden die Mülltonnen nur noch alle zwei Wochen geleert. Das bringt Gestank und andere Probleme mit sich.

EU **Lennie:** Die EU macht vieles einfacher, aber andererseits gibt es auch zu viele Vorschriften, und außerdem ist der ganze bürokratische Apparat sehr teuer.

ELTERN **Ellen:** Manchmal verstehen sie mich nicht. Ich kann meinen Eltern nicht erklären, warum ich mich so kleide.
Anna: Es gibt keine Probleme mehr. Früher war es nicht immer leicht. Jetzt sind sie aufmerksam, aber fragen nicht, was ich machen will oder wohin ich gehe.

KINDER **Lennie:** Es ist toll zu beobachten, wie sie heranwachsen, selbstständig und kreativ werden.
Marita: Wir bemühen uns, immer gemeinsam zu Abend zu essen. Das ist die beste Gelegenheit, um miteinander zu reden.

WÜNSCHE **Lennie:** Den Winter in Spanien verbringen.

»Manche werden denken, dass man mit so einem Look nicht auf die Straße gehen kann, aber ich falle auf und bekomme viele Komplimente.« Anna (17)

WAS JUGENDLICHE MEINEN — EUROPÄISCHE UNION

ITALIEN
Wir haben ziemliche Probleme mit unseren Politikern. Ich träume davon, dass Italien so wird wie Deutschland. Das ist ein wunderbares Land!
Carlo (15)

POLEN
Dem europäischen Kontinent konnte nichts Besseres passieren als die EU. Man muss wahrscheinlich die Gesetze anpassen, aber eine einzige Regierung ist die richtige Alternative.
Bartosz (13)

UKRAINE
Ich wünsche mir sehr, dass die Ukraine Mitglied der EU wird. Europa bietet einfach mehr Möglichkeiten, um Arbeit zu finden.
Serhiy (17)

ITALIEN
Ich liebe die EU, aber Italien ist meiner Ansicht nach kein guter Mitgliedstaat. Wir sind immer die Letzten, wenn es darum geht, die Gesetze anzuwenden oder sich für den Umweltschutz einzusetzen. Es ist gut möglich, dass Italien die EU verlassen muss, weil sich unsere Politiker nur für Geld und Frauen interessieren.
Vera (20)

DEUTSCHLAND
Mit der europäischen Identität habe ich so meine Schwierigkeiten. Das zeigt sich etwa an der Frage, ob die Türkei Mitglied der Europäischen Union werden soll. Die Türken sind ja keine Christen. Aber darf die Religion eine Schranke sein?
Olivier (16)

PORTUGAL
Um sich noch mehr als Europäer zu fühlen, empfehle ich den Besuch so vieler Länder wie möglich. Allerdings müssen die Reisekosten in Europa sinken. Sie sind zurzeit höher als die für eine Reise in die Vereinigten Staaten oder nach Brasilien.
Maria (15)

FRANKREICH
Ich bin ein bisschen nostalgisch: Ich habe gerne die Münzen und Geldscheine der verschiedenen Länder gesammelt …
Célia (24)

UKRAINE
Nach einem Beitritt der Ukraine zur EU kämen mehr Touristen in unser schönes Land. Ich bin wirklich überzeugt davon, dass unser Land für die Europäer attraktiv ist.
Oksana (16)

ITALIEN
Italien ist das Land mit den höchsten Schulden in Europa und steht damit in der Welt an dritter Stelle. Ich fürchte, man muss ins Ausland gehen, um Arbeit zu finden.
Bernardo (15)

KROATIEN

Ich frage mich, wie die Leute reagieren werden, wenn die Vorschriften der EU auch bei uns gelten. Hier hat jede Familie ein Schaf, eine Ziege, ein Schwein oder Hühner für ihren Eigenverbrauch. Ich fürchte, das könnte verboten werden, weil hygienische Gründe dagegensprechen oder die Herkunft der Nahrungsmittel nicht nachvollziehbar ist. Die jungen Leute können sich anpassen, die Älteren haben es da schwerer.

Mladen

ÖSTERREICH

Der Euro hat schon seine Vorteile: Die Preise in Euro sind scheinbar nicht so hoch wie in Schilling, was für den Handel sehr wichtig ist. Die EU lehne ich jedoch ab: In Österreich haben wir alles, was wir brauchen.

Elisabeth

PORTUGAL

Europa ist ein Kontinent mit einer großen Geschichte. Aber ich weiß nicht, was ich von der EU halten soll. Ich habe Angst, dass Portugal von den großen europäischen Staaten verschlungen wird.

Luisa

FRANKREICH

Ich kann es kaum fassen, dass unsere Regierung vor jeder Entscheidung erst die Meinung der Europäischen Kommission einholen muss. Es ist besser, sich für eine gesamteuropäische Regierung einzusetzen, als teure und schwerfällige Strukturen in allen Mitgliedstaaten beizubehalten.

Philippe

ITALIEN

Die EU ist notwendig, aber um einzugreifen, fehlt es ihr an Mut. Schauen Sie unsere Schulden an! Hier zeigt sich, dass es eine Politik, die wirklich den Namen »europäisch« verdient, nicht gibt. Und doch wäre eine solche dringend nötig, damit wir es schaffen können.

Giulietta

ÖSTERREICH

In Europa gibt es in Zukunft nie mehr Krieg ... Dass aber Schwalbennester in Ställen verboten sind, ist reiner Schwachsinn! Das Sprichwort sagt doch: »Wo Schwalben nisten, wohnt das Glück!«

Bernhard

UNGARN

Vielleicht gibt es Vorteile, vor allem aber Nachteile. Die Globalisierung geht viel zu schnell, und die Identität der Länder und Menschen geht verloren.

Zsuzsanna

WAS ELTERN MEINEN

Edi & Jerica

auf ihrer Terrasse, wo sie die Sommerabende verbringen: »Ich führe meine Frau jeden Abend aus!«, sagt Edi zu seinen Arbeitskollegen, um sie zu beeindrucken.
Jerica ist Pflegehelferin in einem Impfzentrum. Sie treibt Sport und malt. Edi hat schon mit 16 Jahren in einer Bank gearbeitet. Heute ist er selbstständig und bildet Manager und Unternehmer aus.

Nina (16) und Gal (18)

Nina gibt uns einen Einblick in ihre Talente.
Sie tanzt zwei Stunden täglich und nimmt an zahlreichen Hip-Hop-Wettbewerben teil. Ihre Schule hat dieses Jahr sogar die Europameisterschaft im Modern Dance gewonnen. Gal ist bald mit der Schule fertig, spielt intensiv Fußball und trainiert fünfmal pro Woche. Er ist ein Fan der Beatles und probt mit seiner Band in einer Garage.

2020 **Edi:** Ich kümmere mich um meine Enkel.

EU **Gal (18):** Vor dem Beitritt war alles billiger.

Nina (16): Die Erwartungen waren sehr hoch, aber jetzt macht sich eine gewisse Enttäuschung breit.

Edi: Ich habe mich schon vor der EU als Europäer gefühlt. Unsere Geschichte und unsere Kultur waren stets europäisch geprägt. Aber früher konnte man nach der Schule oder der Universität leicht Arbeit finden. Das ist heute nicht mehr der Fall.

UMWELTSCHUTZ **Gal:** Ich halte das für Propaganda. Sie soll uns verleiten, neue Produkte zu kaufen. Das Schlimmste, was uns passieren könnte, ist doch ein Erdbeben …

Nina: Alle auf die Fahrräder!

Jerica: Wenn ich zum Kochen das Gemüse wasche, dann fange ich das Wasser auf, um die Blumen im Garten zu gießen.

ELTERN **Gal:** Mein Vater ist mein Vorbild. Er hat sein Leben erfolgreich gemeistert.

Nina: Ich werde meine Kinder mehr in Ruhe lassen und ihnen mehr Freiheiten geben.

KINDER **Edi:** Mein eigener Vater hat mit uns Kindern nichts gemacht, weder Sport noch Spiele. Ich versuche, zu meinen Kindern ein freundschaftliche Beziehung zu pflegen und nehme deshalb Anteil an dem, was sie gerade tun: im Sport, beim Tanz, in der Schule. Manchmal muss man jedoch als Vater zu ihnen sprechen und nicht als Freund.

WÜNSCHE **Gal:** Ich möchte in Kalifornien leben.

Nina: Ich möchte sehr intelligent werden und Raumfahrten unternehmen.

»Ich werde vielleicht Polizistin. Das klingt vielleicht seltsam, ich weiß, aber der Gedanke gefällt mir.« Nina (16)

Doro & Werner zwischen Schäferhund und Schaf

Werner gibt eine Stadtzeitung heraus. Doro ist Pressereferentin des Landtags und Vorsitzende eines städtischen Karnevalsvereins!

Laura (22)

Laura studiert Architektur in Dresden.

Luisa (17) und Lydia (19) in ihrem schallgedämmten Keller

Lydia macht ein Praktikum in einer Werbeagentur. Sie hat ihre eigene Band, zeichnet Comics und schießt täglich 40 Fotos. Luisa geht noch aufs Gymnasium und macht gerade ihren Führerschein.

2020

Lydia (19): Unabhängig und erfolgreich sein.

Luisa (17): Ich bin dann Erzieherin in einem mehrsprachigen Kindergarten.

Laura (22): Ich werde Architektin, Journalistin oder Fotografien und lebe im Ausland.

Doro: Ich möchte Großmutter sein und zeitweise in Frankreich leben, wo wir ein Häuschen in den Pyrenäen haben. Dort ist das Leben noch gemütlich.

UMWELTSCHUTZ

Lydia: Wenn ich das Geld hätte, würde ich mir ein Elektroauto kaufen ...

Laura: Es braucht seine Zeit, bis man nachhaltige Baustoffe erfunden und getestet hat. Heute benutzt man neue Baustoffe, die in zehn oder 15 Jahren vielleicht schon wieder veraltet sind.

Doro: Ich habe meinen französischen Nachbarn die Mülltrennung beigebracht. Das Gute an den schädlichen Energieträgern – Erdöl, Gas, Kohle und Uran – ist doch, dass sie eines Tages erschöpft sein werden. Wir müssen also Ersatz für sie finden, warum also nicht schon heute nach Lösungen suchen?

Werner: Ich esse gerne Fisch, aber ich kaufe nur solchen aus legalem Fischfang ... Und am Samstagmorgen mit dem spritsaufenden Geländewagen zum Bäcker fahren müsste verboten sein, es sei denn, man hat einen triftigen Grund!

EU

Doro: Für unsere Kinder hat die EU große Vorteile, vor allem das Erasmus-Programm, mit dem man im Ausland studieren kann.

ELTERN

Laura: Ich hoffe, einmal so engagiert zu sein wie meine Mutter, aber ich werde bestimmt nicht so viel arbeiten, sollte ich einmal Kinder haben.

KINDER

Doro: Ich lege großen Wert auf das tägliche gemeinsame Abendessen, weil man da über alles reden und bei Differenzen zu einer Einigung kommen kann.

WÜNSCHE

Lydia: Ein richtig heißes Auto.

Luisa: Mein Abi schaffen.

Werner: Wie früher wieder einen kleinen Sportwagen fahren. Seit ich mit Doro zusammen bin, haben wir einen sehr klobigen Kombi ...

»Ich werde eine bessere Mutter sein. Wir sehen die Erziehungsfehler unserer Eltern und können es nur besser machen ... Mit jeder neuen Generation erhalten die Kinder eine bessere Erziehung.« Lydia (19)

Slobodan & Ana im von Slobodan eingerichteten »Barbecue-Zimmer«

Ana arbeitet als kaufmännische Angestellte am Flughafen. Slobodan ist ein Tausendsassa: Er ist Musiker, Komponist, Maler und Bildhauer. Er möchte mit der jungen Musikergeneration aus Exjugoslawien eine CD aufnehmen. Die Themen: Liebe, Poesie und Frieden.

Marko (16), Mia (15) und Nikola (11) würden das elterliche Landhaus am liebsten mitten in die Stadt verlegen

Marko hat die Gitarre an den Nagel gehängt und interessiert sich für Mädchen. Er träumt von einem Informatikstudium in den USA. Mia würde gerne in Belgrad studieren und Gynäkologin werden. Nikola schließlich würde gerne ein Tennismatch gegen Rafael Nadal bestreiten.

Klara (5) und Bartosz (13) in der »Musikscheune« ihres Vaters

Klara lernt schon im Kindergarten Englisch. »Das Geschrei über das Ozonloch halte ich für Schwarzmalerei. Gewiss, der Mensch ist für die Umweltverschmutzung verantwortlich, aber die Grünen übertreiben, weil es hierbei um große Finanzinteressen geht.« (Bartosz)

Wienczyslaw & Sylwia in ihrem Privatmuseum

Sie leben inmitten von Rüstungen, Gemälden und Skulpturen, die Wienczyslaws Familie in mehr als 400 Jahren gesammelt hat. Aus seiner Scheune hat er ein multikulturelles Begegnungszentrum gemacht. Sylwia organisiert Konzerte und Ausstellungen.

Mare & Olavi mit Maria (2), nach dem täglichen Saunabesuch

Mare arbeitet bei einer Kulturstiftung zum Schutz der einheimischen Kultur. Im Winter webt sie aus der Wolle ihrer Schafe die traditionellen bunten Röcke. Olavi ist Seemann auf einem finnischen Containerschiff. Er kehrt alle zwei Monate heim nach Kihnu.

Anni (5), Martin (14) und Liis (11) in ihrem gemeinsamen Kinderzimmer

Martin wird später Zimmermann. Er ist schon in Finnland, Schweden, Ägypten und Russland gewesen, aber Kihnu ist für ihn der schönste Ort der Erde. Seine Wünsche: abends in die Sauna gehen, ein Spiel am Computer spielen und irgendwann ein eigenes Zimmer im oberen Stockwerk bekommen.

Reto (19), Rockstar vor Bergkulisse

Er macht ein Praktikum in einer Kinderkrippe und erteilt Gymnastikunterricht.

Markus & Sonja

Markus und Sonja sind Winzer. Markus liebt Bergwanderungen, Skifahren und die Jagd. Sonja wic met sich ihrem Hund, den sie für den Suchdienst aus gebildet hat. Im Sommer sucht sie mit ihm Vermisst im Wald, im Winter dient er als Lawinenhund.

2020 **Reto (19):** Ich würde gerne mit Kindern arbeiten.
Sonja: Ich hoffe, dass Reto einmal unser Weingut übernimmt ...

EU **Reto:** Die EU ist mir völlig egal. Die Schweiz kommt sehr gut ohne sie aus.
Sonja: Der Lebensstandard ist in der Schweiz überdurchschnittlich hoch. Wenn wir der EU beitreten, dann, so fürchte ich, werden wir mehr zahlen müssen als die anderen Länder.
Markus: Das ist nur eine Frage der Zeit. In zehn oder 15 Jahren sind auch wir in der EU, da bin ich mir sicher.

UMWELTSCHUTZ **Reto:** Wir sollten der Natur dankbar sein und sie mit mehr Rücksicht behandeln. Das ist heutzutage nicht der Fall. Wenn jeder seinen Beitrag leisten würde, wäre das schon ein großer Schritt vorwärts.
Sonja: Wir haben uns vorgenommen, autark zu werden. Wir wollen mit Sonnenenergie kochen und mit einer Wärmepumpe heizen.

ELTERN **Reto:** Eltern sind halt Eltern, aber meine sind nicht so streng wie andere. Mein Vater versteht nicht, dass ich manchmal einfach allein in meinem Zimmer sein will. Er rückt mir ständig auf die Pelle ... Meine Mutter ist nie pünktlich, das ärgert mich.

WÜNSCHE **Markus:** Endlich einmal einen ganz langen Urlaub.

Joey & Linda mit einem geschnitzten Stuhl, der auf die irische Sage vom weisen Lachs anspielt

Joey ist Bildhauer und Musiker. Linda ist Malerin. Sie haben auch noch Nebenjobs: Er gibt Kunstunterricht im Gefängnis, und sie arbeitet bei der Post.

Fiachna (11) und Aran (17)

Fiachna ist Lindas und Aran ist Joeys Sohn. Aran legt gerade seine Aufnahmeprüfungen an der Universität ab, während Fiachna bisher nichts als Fußball im Kopf hat.

2020 **Aran (17):** Ich bin dann ein berühmter Gitarrist.
Fiachna (11): Und ich bin Rechtsaußen in einem Profifußballklub.

EU **Aran:** Die Vorstellung, mich in einem anderen europäischen Land niederzulassen, gefällt mir. Das ist so, als hätte ich eine zweite Heimat.
Joey: Die Europäer sollten sich ihre Identität bewahren. Wir Iren legen großen Wert auf unsere Kultur und unsere Traditionen.

ELTERN **Aran:** Mein Vater ist immer für uns da. Wir haben viele gemeinsame Interessen.
Fiachna: Kein Mensch ist ohne Fehler, aber sie tun ihr Bestes.

KINDER **Linda:** Sie sind großartig, so witzig, so amüsant!
Joey: Unser Haus ist nur klein, da muss jeder Rücksicht nehmen. Das ist nicht immer leicht für die Jungen.

WÜNSCHE **Aran:** Interessanten Menschen begegnen, ein leichtes Leben haben und genügend lernen, um es zu etwas zu bringen.
Fiachna: Ich träume davon, beim FC Liverpool und in der irischen Nationalmannschaft zu spielen.
Linda: Mich auf mich selbst besinnen und in der postpubertären Zeit unserer Jungen wieder Gas geben.
Joey: Ein größeres Haus irgendwo in Südfrankreich besitzen, dazu Wein, Sonnenschein und nette Leute.

Anne & John

sie im Zier-, er im Gemüsegarten.
Anne ist als Sozialarbeiterin in einer Schule tätig und kümmert sich um Problemkinder. Sie bastelt Schmuck und hat mit der Imkerei begonnen. John lebt ihm Ruhestand. Er spielt irische Flöte, segelt gerne und kümmert sich um den Gemüsegarten und die Apfelplantage. Zurzeit nimmt er an einem Imkerlehrgang teil, weil er seiner Frau helfen will.

Enda (19)

hat uns eine irische Ballade vorgespielt ...
Enda macht gerade sein Abitur in Musik und Physik. Gemeinsam mit Freunden spielen sie irische Folkmusik in Pubs oder auf Festen. Im Sommer treten sie bei Festivals in ganz Irland auf.

2020 **Anne:** Ich würde gerne wieder mit John tanzen gehen. Wir lieben den traditionellen irischen Volkstanz, die Standardtänze, Salsa und Samba ...

UMWELTSCHUTZ **Enda (19):** Bei uns wird alles wiederverwertet. Wir haben einen Komposthaufen, ein Auto mit Hybridantrieb und einen Bio-Gemüsegarten.
John: Ich habe im Umweltministerium gearbeitet. Wir bauen unser eigenes Gemüse an und kaufen nur, was wir brauchen, vor allem keine plastikverpackten Waren. Wir haben auch Sonnenkollektoren installiert. In fünf Jahren ist unsere Plantage so weit, dass wir unseren Apfelsaft selbst produzieren können.
Anne: Im Unterricht bringe ich den Kindern bei, wie man Kleider reparieren kann, anstatt sie wegzuwerfen. Sie wissen oft nicht, wie man einen Knopf annäht oder ein eingerissenes T-Shirt repariert. Ich zeige ihnen auch, wie man pflanzt und sät.

EU **John:** Die Europäische Union ist für uns sehr sinnvoll. Früher beschränkte sich unser Absatzmarkt auf Großbritannien. Dank der EU hat Irland 500 Millionen Verbraucher dazugewonnen.

ELTERN **Enda:** Mit meinem Vater mache ich irische Volksmusik. Er bringt mir auch das Segeln bei. Seit er im Ruhestand lebt, ist er viel zu Hause – zu viel für meinen Geschmack! Meine Mutter hatte in ihrer Jugend wenige Freiheiten, deshalb ist sie mit mir sehr cool!

KINDER **Anne:** Enda ist schüchtern und redet nicht viel – das genaue Gegenteil seines älteren Bruders. Ich diskutiere gerne mit ihm. Er soll seine Ansichten vertreten!
John: Ich mache gerne mit Enda Ausflüge am Wochenende. Wir reden zwar nicht viel, aber wir verstehen uns, ich schätze das sehr.

WÜNSCHE **Anne:** Ich träume von einem Raffineriestreik, sodass alle Leute wieder zu Fuß gehen müssten und mehr Rücksicht aufeinander nähmen.
John: Besser und glücklicher leben mit dem, was man hat.

»Meine Mutter ist zu redselig und will zu viel über mein Leben wissen.«
Enda (19)

KOSOVO – Velezhë

PORTUGAL – Paco de Arcos

ÖSTERREICH – Obernberg

Spanien – Barcelona

POLEN – Radzyn Podlaski

ÖSTERREICH – Peterskirchen

KROATIEN – Zagreb

UKRAINE – Kolomyia

FRANKREICH – Montreuil

LETTLAND – Marupe

MAZEDONIEN – Skopje

TÜRKEI – Istanbul

»Es ist, sowohl für Eltern als auch für Jugendliche, nicht immer ein Zuckerschlecken, unter einem Dach zu leben.«

ICH **MUSS**

MICH JETZT

ERNSTHAFT

AN DIE ARBEIT MACHEN!

VIELLEICHT

SCHON MORGEN ...

... SPÄTESTENS ABER

NÄCHSTE

WOCHE!

Pauline (19), FRANCE

Philippe / Ambre (9), Pauline (19) / Frankreich – Paris

Krenar / Dea (14) / ALBANIEN – Tirana

Belinda & Tonio

Belinda ist in England geboren, ihr Vater stammt aus Malta. Sie lebt seit 23 Jahren auf der Insel. Tonio ist von Beruf Anästhesieassistent, arbeitet aber nach dem Bau eines neuen Krankenhauses in der Verwaltung. Zur Abwechslung legt er auch mal als DJ in einer Bar auf.

Jamie (18) und Lisa (16)

Lisa studiert Chemie und Biologie an der Universität von Malta und spielt Klavier. Jamie arbeitet im Schichtdienst in einer Fabrik, die Mikrochips herstellt.

2020 **Lisa (16):** Ich bin dann Ärztin im neuen Krankenhaus von Malta. Wahrscheinlich gibt es woanders bessere Karrierechancen, aber ich möchte in Malta bleiben.

Jamie (18): Ich werde noch einmal studieren, um Toningenieur zu werden.

Belinda: Ich hoffe, dass es für die Jugend mehr Arbeitsplätze gibt und die Insel nicht ihre Identität verliert, also das, was ihren besonderen Reiz ausmacht.

Tonio: Ich werde zwar älter sein, mich aber jünger fühlen. Ich bin weiser geworden und lasse die Dinge auf mich zukommen.

EU **Lisa:** Die meisten Leute kennen Malta nicht und wissen auch nicht, wo die Insel liegt. Die EU wird vielleicht dafür sorgen, dass wir bekannter werden.

Belinda: Die EU hat uns aus unseren Träumen herausgerissen: Malta war im Umweltschutz sehr rückständig. Jetzt versuchen wir das Versäumte nachzuholen.

UMWELTSCHUTZ **Lisa:** Die an den Stränden herumliegenden Plastiktüten widern mich an. Auch haben die Malteser die schlimme Tradition, Zugvögel zu jagen, die auf ihrem Weg nach Afrika Station machen. Dagegen kämpft BirdLife, eine Nichtregierungsorganisation.

Jamie: Mein Betrieb gehört zu den so genannten »grünen« Unternehmen. Sogar das Abwasser wird aufbereitet.

Tonio: 400 000 Malteser haben 200 000 Autos. Aber die öffentlichen Verkehrsmittel und die veralteten Busse sind so ineffektiv, dass wir das Auto brauchen.

ELTERN **Lisa:** Ich verstehe mich sehr gut mit meinem Vater; er hat mir beim Studium sehr geholfen. Mama ist sowohl meine beste Freundin als auch meine Mutter; ich finde es toll, mit ihr einen Einkaufsbummel in Valetta zu machen.

Jamie: Meine Mutter und ich mögen Rockmusik; wir lesen auch die gleichen Bücher. Mein Vater kann sehr lustig, aber auch sehr ernst sein.

KINDER **Tonio:** Wenn ich Lisa anschaue, erkenne ich mich im gleichen Alter wieder; wir sind uns auch im Charakter sehr ähnlich.

Belinda: Jamie ist konfliktscheu und ruhig. Anstatt auszugehen, trinkt sie lieber einen Kaffee mit mir und diskutiert. Mit Lisa hingegen macht man am besten einen Einkaufsbummel.

WÜNSCHE **Jamie:** Ein Rockkonzert besuchen.

Tonio: Ich hoffe, dass Uwe 2020 ein drittes Mal kommt. (Er hat uns schon für die 1000 Familien fotografiert.)

»Auf Malta haben wir ein Wiederaufforstungsprojekt; jeder kann einen Baum pflanzen, und der Name des Spenders wird auf einem Holzschild festgehalten.« Lisa (16)

BRIGHTON PIER
LIFEGUARD

Getränke

TÜRKEI, ISTANBUL
Istanbul bei Nacht

LÄNDERVERZEICHNIS

EIN GANZ GROSSES DANKESCHÖN ...

... geht an alle Familien für ihren warmherzigen Empfang, für die überreiche Bewirtung mit Getränken und Spezialitäten ihrer Heimat und für ihren Mut, sich sowohl fotografieren wie auch interviewen zu lassen. Wir danken auch allen, die trotz anfänglicher Scheu den Kontakt mit den Familien hergestellt haben, sowie denen, die – mehr oder weniger erfolgreich – bei unseren Gesprächen und Interviews als Dolmetscher tätig waren.

Sie alle haben mitgeholfen, dass dieses Buch erscheinen konnte.

Valérie und Jean-Pascal, Michel, Remy, Carolin, Sandrine (*Le Monde*), Ysabel in Frankreich. Geli, Meike, Ingrid, Heinz, Erich, Frank und Peter in Deutschland. François, Frederic in Belgien. Rui, Joanna in Portugal. Olive in Irland. Maaike, Alix in den Niederlanden. Birgitta in Dänemark. Göran, Gunilla und Susanna, Ira (CASDA) in Schweden. Günter in Österreich. Harry in der Schweiz. Ricardo und Monica, Néna, Juan und sein Bruder José, Dany in Spanien. Cüneyt, Roxanne, Koray in der Türkei. Martina, Ricardo und Neila, Monica, Carla, Chiara in Italien. William (Maltaforum) auf Malta. Nadine in Liechtenstein. Alenka in Slowenien. Tomislav, Jelena, Ines in Kroatien. Blagota und sein Vater Slobodan in Montenegro. Elvis und seine Mutter Leka, Manu in Albanien. Marianthie (Institut français), Vangelis (Fotomuseum) in Griechenland. Ivica, Kosta in Mazedonien. Martin im Kosovo. Dimka, Stoyana in Bulgarien. Gabriela, Daniel, Paul und Bianca (Organisation FAST) in Rumänien. Danijela, Gordana in Serbien. Leila in Bosnien. Barabara (Hostel 6), Elys in der Slowakei. Petr (Pilsen 2015), Marketa (Institut français) in der Tschechischen Republik. Jeroen und Kate in Polen. Iryna und Oleg, Alex und sein Vetter Bohdan, Victoria in der Ukraine. Eglé (Institut français) in Litauen. Leonards, Edwin in Lettland. Anna (Institut français), Boris (Digitalfotos) in Russland. Maria, Kristel in Estland. Elina (Institut français) in Finnland.

Regine möchte sich ganz besonders bei ihren beiden Teenagern Johanna und Basile bedanken. Sie haben es akzeptiert, dass sie ihre Mutter zwei Jahre lang kaum gesehen haben. Ihr Dank geht auch an Éric und Carole für ihre Hilfe.

Vielen Dank auch an Isidora, die unsere Texte auf politische und grammatikalische Korrektheit durchgesehen hat.

Titel der Originalausgabe: *Familles d'ados*
Erschienen bei Éditions de La Martinière SA, Paris 2012

Layout: Rachida Zerroudi

Deutsche Erstausgabe

Ein Unternehmen der La Martinière Groupe

Umschlaggestaltung: Leonore Höfer, Knesebeck Verlag
Lektorat, Satz und Herstellung: VerlagsService Dr. Helmut Neuberger & Karl Schaumann GmbH, Heimstetten
Druck: Dedalo Grupo Grafico, Madrid
Printed in Spain

ISBN 978-3-86873-575-8

www.knesebeck-verlag.de